Erschienen
im Jubiläumsjahr 2002
bei Klett-Cotta

ARNO GRUEN

Der Kampf um die Demokratie

Der Extremismus,
die Gewalt und der Terror

KLETT-COTTA

Klett-Cotta
© J. G. Cotta'sche Buchhandlung Nachfolger GmbH,
gegr. 1659, Stuttgart 2002
Alle Rechte vorbehalten
Fotomechanische Wiedergabe nur mit Genehmigung des
Verlags
Printed in Germany
Umschlag: Finken & Bumiller, Stuttgart
Gesetzt aus der 10 Punkt Candida
von topset Computersatz, Nürtingen
Aus säure- und holzfreiem Werkdruckpapier gedruckt
und gebunden von Gutmann & Co., 74388 Talheim
ISBN 3-608-94224-6

Die Deutsche Bibliothek – CIP-Einheitsaufnahme
Ein Titeldatensatz für diese Publikation ist bei
Der Deutschen Bibliothek erhältlich.

»Es brennt, Brüder (und Schwestern), es brennt!
Unsere Stadt brennt … und ihr, Brüder und Schwestern,
steht einfach da, mit verschränkten Armen.«
*Mordechaj Gebirtig, 1942 im Ghetto von Krakau
ermordet*

Inhalt

Vorwort

Ich begann mit diesem Buch im Mai 2001. Ich wollte darin meine Erfahrungen mit dem Rechtsradikalismus zusammenfassen. Während des Schreibens wurde mir jedoch klar, daß ich ausführlicher auf die Frage nach der Entstehung von Gewalt eingehen mußte. Die rechte Gewalt ist ja nur ein Aspekt des Problems.

Dann kam der 11. September. Alles Lebende wurde bedroht durch eine überbordende Gewalt. Wir schienen plötzlich eingeholt zu werden von den Rückwirkungen einer Welt, die Menschen ausbeutet, ihren Leiden und Schmerzen gleichgültig gegenübersteht und die als schwach eingestuften diffamiert.

Gewiß: Gewalt ist nicht neu. Sie ist Bestandteil dessen, was alle »großen Zivilisationen« heranzüchten, weil ihre Basis Herrschaft und Besitz sind. Damit gehen die Verachtung menschlicher Werte wie auch die Verachtung des Weiblichen und der Kindheit unserer Kinder einher. Die technischen Entwicklungen die-

ser Zivilisationen machen es jedoch auf einmal
möglich, daß nur wenige Menschen die Welt im
Namen Gottes der Zerstörung preisgeben und
den Tod als Sieg zelebrieren können.

Dieses Ausmaß an Gewalt droht den Verlust
unserer eigenen Bedeutung hervorzubringen.
Die Leere in uns wird damit entweder zur Quelle einer allgemeinen Apathie und Depression,
oder sie droht in noch mehr Gewalt auszuufern.
Denn für viele führt diese innere Leere zu einem Zustand der Bedeutungslosigkeit, von der
sie durch eine Identifikation mit halluzinierter
Größe erlöst zu werden hoffen. Wir können diesem Nichts und einem dem Tod verschworenen
Radikalismus nur entgegentreten, wenn wir die
tieferen Wurzeln dieser ungeistigen Entwicklung entlarven.

Sophie und Hans Scholl verstanden, wie der
Betrug am Menschen durch scheinbar geistige
Argumente verdeckt wird. Sie erkannten, daß
man einer Entwicklung, die durch und durch
ungeistig ist, nicht mit geistigen Argumenten
beikommen kann und darf. Die Sprache der Radikalen, die von Krieg und Vergeltung, von
Idealen und Nationalem spricht, mag sich geistig gesund anhören. In ihrer Ignoranz gegenüber Ohnmacht, Elend und Demütigung ist sie

jedoch völlig von der Realität menschlicher Gefühle und Bedürfnisse abgetrennt. Sie fördert einzig Macht und Größe, die die Grundlage unserer Zivilisationen bilden und deren Auswirkungen wir uns endlich stellen müssen. Terror und Gewalt ist nur Einhalt zu gebieten, wenn die wirklichen Bedürfnisse der Menschen anerkannt werden; wenn wirkliches Elend, wirkliche Armut sowie die Ausgrenzung und Entwürdigung ganzer Bevölkerungsgruppen unterbunden werden. Nur so kann es uns möglich sein, ein Leben, das demokratisch und lebendig ist, aufrechtzuerhalten.

Während meines Schreibens hielt mich meine Frau Simone immer wieder davon ab, ins Abstrakte zu entweichen, so daß ich beim Lebendigen und Aktuellen blieb. Monika Schiffer ermöglichte es durch ihr großes empathisches Verständnis für den Sinn meines Schreibens, meine Worte dem Leser zugänglich zu machen.

1 Rechtsradikalismus

Rechte Gewalt

Ein 19jähriger Neo-Nazi berichtet: »Wir gehen einfach drauf los, weil wir Lust haben. Wir sitzen in der Gruppe, saufen uns einen an und sagen auf einmal: So, jetzt müssen wir losgehen, jetzt haben wir den Pegel erreicht, jetzt sind wir unbesiegbar, jetzt gehen wir los und schlagen die Leute platt.«[1] Ein anderer: »Wenn ich mich mit jemandem geschlagen habe, habe ich überhaupt nichts gefühlt. Es darf nur einen von uns beiden geben. Ich schlage einfach nur zu und sehe, daß der andere keine Chance hat. Deshalb bin ich schon mal überlegen, ich bin der Held. Es brauchte sich nur irgendeiner in einer Kneipe neben mich zu setzen, und mir hat die Nase nicht gefallen, da habe ich mich auf den gestürzt und ihn zusammengeschlagen.«[2]

Derselbe Mann, einige Zeit später, nachdem man ihn dazu gebracht hatte, über sich nachzudenken: »Man mußte in seinem Leben so viel schlucken, man mußte so viel ertragen, man wurde so oft erniedrigt, irgendwann schlägt man halt zurück.« Seinen Vater beschreibt er als Trinker und Schläger: »Jedesmal, wenn er nach Hause kam, hat er geprügelt. Meine Geschwister verkrochen sich, hatten Angst. Ich nicht. Ich bin in seine Fußstapfen getreten. Eines Tages schlug ich zurück. Da war ich dann der Held. Ich war acht Jahre alt und kam mit einem blauen Auge nach Hause. Da sagte mein Vater: ›Kommst du noch ein einziges Mal und hast eine Schramme oder ein blaues Auge, dann schlage ich dich tot!‹ Von dem Moment an habe ich mir nie mehr etwas gefallen lassen.«

Wieder ein anderer, ebenfalls Mitglied in einer rechtsradikalen Gruppe, erklärt, wozu er die Clique braucht: »Gewalt ist eine Sucht, eine Droge, die du immer höher dosieren mußt. Wenn man losgezogen ist mit der Clique, hat man sich wahllos einen ausgesucht, von dem einem die Nase nicht gepaßt hat, und da hat man draufgeschlagen.«[3]

Diese gewalttätigen Jugendlichen denken nicht von sich aus über ihre Vergangenheit nach. Es interessiert sie nicht, warum sie so geworden sind. Anstatt ihre eigene Geschichte nachzuvollziehen und sich darin als Opfer ihrer familiären Situation zu erkennen, sehen sie sich als Opfer aktueller Verschwörungen. Sie reagieren zwar emotional, aber ein wirkliches Erleben ihrer eigenen Gefühle ist ihnen genauso unmöglich wie das Mitfühlen mit anderen Menschen. »In mir und um mich herum ist Langeweile, gähnende Leere, Tod«, sagt ein Jugendlicher, der nachts einen wehrlosen Mann, der auf einer Parkbank schlief, mit zahllosen Messerstichen ermordet hatte.[4] Für solche Täter gibt es keine Opfer, es gibt nur Besiegte. Sie nehmen ihrem Opfer das menschliche Antlitz – so, wie man es ihnen selbst einst genommen hat.

Es geht also um die Verleugnung von Schmerz und die Abkehr vom Menschlichsein. Der Rechtsradikalismus ist ein besonders drastischer Ausdruck dieser Entfremdung vom Eigenen – aber er ist nicht der einzige. In einer abgeschwächten oder einfach sozial akzeptierten Form begegnen wir dieser Abkehr von der eigenen Menschlichkeit in vielen Phänomenen, die heute unseren Alltag prägen: in einer technokratischen Medizin, die den Menschen als physikalisches Objekt abwertet und sein subjektives Erleben leugnet; in einem Körperkult, der in seiner Glorifizierung von Jugend, Fitneß und Makellosigkeit einer entmenschlichten Leni-Riefenstahl-Ästhetik huldigt; in der modischen »Coolness«, die den Ausdruck authentischer Gefühle als verachtenswert brandmarkt — und natürlich in der virtuellen Computerwelt, in der der Mensch seiner lebendigen Individualität entblößt wird, wo es keine Rolle spielt, wer man wirklich ist, und es nur darum geht, daß man glaubwürdig simuliert.

Wieviel Schmerzverleugnung und gleichzeitig menschenverachtende Gewalt sich tatsächlich hinter diesen Zeiterscheinungen verbirgt, zeigt sich erst, wenn man ihren angeblichen Nutzen für die Menschheit hinterfragt und auf ihre negativen Auswirkungen blickt. Wir leben in einer Kultur, in der Schmerz und Leid permanent verleugnet und ausgegrenzt werden. Traurigkeit und Nachdenklichkeit werden im beständigen Streben nach Erfolg, Profit und Selbstbestätigung genauso als Behinderung abgelehnt wie die Konfrontation mit Krankheit, Gebrechlichkeit, Tod. Es gibt viele Kritiker, die sich mit diesem Thema auseinandergesetzt haben. Die meisten jedoch klagen eine abstrakte Gesellschaft an, die für die Mißstände verantwortlich ist. Sie erkennen dabei nicht, daß die eigentlichen Ursachen für die Probleme in der frühen Lebensgeschichte eines jeden einzelnen zu suchen sind.

Die Grundlagen der Entfremdung vom Eigenen, vom Menschlichen, liegen in schmerzlichen Erfahrungen, mit denen wir alle mehr oder weniger während unserer Kindheit konfrontiert waren. In Erlebnissen, wo der eigene Schmerz über Erniedrigungen, Lieblosigkeiten und das fehlende Einfühlungsvermögen der Eltern nicht wahrgenommen werden durfte, weil dies unsere kindlich-abhängige Existenz bedroht hätte. Tatsache ist: Es sind solche schmerzhaften Erfahrungen, die uns alle verbinden, den Rechtsradikalen mit dem Linksradikalen, den coolen Broker mit der sich im Fitneß-Center quälenden Business-Frau. Es geht also um gesellschaftliche Strukturen, die man nicht als abstrakte Mächte sehen darf, sondern im Sinne von gesellschaftlich gebilligten Erlebnissen, die uns formen und *in* uns sind, nicht in etwas Abstraktem außerhalb.

Der Versuch, »Rechsradikalismus« als eigenständiges, von uns los gelöstes Phänomen zu begreifen, muß also zwangsläufig immer wieder scheitern, wenn er diese Gemeinsamkeit verneint und verleugnet. Solange wir unseren eigenen Schmerz verleugnen, werden wir weder uns noch die neofaschistischen Gewalttäter verstehen. Denn wirkliches Verständnis ist nur möglich, wenn wir eigenes Erleben unserer kindlichen Leiden zulassen. Ohne diese Voraussetzung ist »Verstehen« nur Ausdruck der heute so oft vorgeführten Attitüde des Verständnisvollseins, hinter der sich in Wahrheit aber nur Gönnerhaftigkeit, Arroganz und Verachtung verbergen. Dieser »Verstehens-Trend« beinhaltet ein Heruntermachen des andern, wodurch das eigene Wertgefühl erhöht wird. Wir versichern zwar verständnisvoll, daß der andere eben anders sei, meinen aber eigentlich, er sei weniger gut, weniger klug, weniger menschlich, weniger kultiviert, primitiv usw. Zu wirklichem Verständnis sind die wenigsten bereit, was sich schon in der generellen Verachtung psychologischer Betrachtungsweisen ausdrückt. Viel lieber geben sich Medizin und Medien dem wissenschaftlich-rationalen Aberglauben hin, daß die Gene für alles verantwortlich seien. Dabei sollte jedem klar sein, daß Gene keine Verhaltensweisen produzieren. Das einzige, was sie können, ist Proteinstrukturen aufbauen, und das auch nur in Abhängigkeit von den Feldstrukturen, also der Umwelt.[5]

Es fällt schwer zuzugeben, daß Rechtsradika-

lismus Ausdruck einer Entwicklung ist, die wir
alle gemeinsam haben und die Bestandteil unserer Kultur ist. Diese Entwicklung kommt in allen sogenannten großen Zivilisationen zustan-
de, weil hier die Beziehung zwischen Kindern
und Eltern durch ein Machtverhältnis charakterisiert ist, das verhindern soll, daß sich der »un-
reife« Wille des Kindes durchsetzt. Verschleiert
wird dabei aber, daß es nicht um ein »Zivilisie-
ren«, sondern um die Festschreibung von Herrschaft geht. Die so geartete Sozialisation des
Kindes soll dafür Sorge tragen, daß die Motivation zum Gehorsam gegenüber den Mächtigen
tief in der menschlichen Seele verankert wird.
Das geht aber nur, indem man die kindlichen
Bedürfnisse, Wünsche und Gefühle zum Schweigen bringt. Für das Kind bringt dies einen inneren Terror mit sich, weil das, was ihm eigen ist,
von den betreuenden Erwachsenen abgelehnt
wird. Auf diese Weise wird das Eigene zum
Feind, das Kind — und später auch der Erwachsene — erlebt das ihm Eigene als fremd und ab-
stoßend. Dieser innere Feind, der mit dem
Fremden identisch ist, bildet also jenen Anteil
im Menschen, der verwirkt wurde, weil Mutter
und Vater oder beide ihn verwarfen, da sie das
Kind Ablehnung und Strafe erfahren ließen,

wenn es auf seiner eigenen und wahren Sicht bestand. Ich sage »wahr«, weil die frühesten Wahrnehmungen eines Kindes auf empathisch erlebten Perzeptionen beruhen und deshalb nur wahr sein können. Hitler muß diese Ablehnung seiner eigenen Lebendigkeit auch erfahren und seinen inneren Teil als fremd abgestoßen haben, um eine Verbindung mit seinen Eltern aufrechtzuerhalten. Der sich daraus herleitende Haß auf das Eigene bringt Menschen hervor, die sich nur noch als aufrecht gehend erleben können, wenn es ihnen möglich ist, diesen Haß nach außen zu wenden. Indem das Eigene als fremd von sich gewiesen wird, wird es zum Auslöser der Notwendigkeit, Feinde zu finden, um die so erlangte Persönlichkeitsstruktur aufrechtzuerhalten.

Die Folgen dieses Prozesses sind verheerend: Man verleugnet nicht nur, daß man selbst zum Opfer gemacht wurde. Man kann auch die Ursachen des eigenen Opferseins nicht mehr erkennen. Statt dessen muß der Prozeß weitergegeben werden, indem man andere zum Opfer macht. Dies geschieht so lange, wie das eigene Opfer nicht erkannt werden darf. Es muß verleugnet werden, weil sonst der alte Terror, der allem zugrunde lag, wieder aufsteigen würde.

Dies ist ausführlich im zweiten Kapitel »Wie alles anfängt« meines Buches »Der Fremde in uns« dargestellt.

Wir alle, die wir in unserer Kultur aufgewachsen sind, haben in unterschiedlichem Ausmaß Schutzpanzer aufgebaut gegen menschliche Beziehungen, Mitgefühl und Verbundenheit mit anderen. Der Unterschied zum rechtsradikalen Gewalttäter besteht nur darin, daß dieser noch mehr losgelöst ist von der ihm eigenen Menschlichkeit, weil sein tödlicher Haß gegen alles Lebendige und Liebende noch größer ist. Doch Rechtsradikalismus kann nur in einem Umfeld gedeihen, das seine wahren Ursachen nicht erkennt, weil es die Gemeinsamkeit verleugnet. Eine solche Einsicht ist unangenehm und schmerzt. Aber sie ist der einzige Weg, Rechtsradikalismus wirklich zu verstehen und wirkungsvoll zu bekämpfen. Sie läßt uns vor allem auch die Gefahr besser sehen, die von ihm ausgeht. Ein Fehlen des Bewußtseins dafür, daß wir in frühesten Kindheitserlebnissen selbst einmal Opfer waren, läßt uns diese Gefahr oft unterschätzen. Unsere eigene Bereitschaft, uns selbst als Opfer zu fühlen, macht uns empfänglich dafür, den Gewalttäter in seiner aktuellen »Opferrolle« zu bestätigen, anstatt ihn als Täter zur

Verantwortung zu ziehen. So wächst die Gefahr, daß der rechtsradikale Gewalttäter in seiner Zielgerichtetheit zum gerechten Kämpfer gegen eine ungerechte Welt stilisiert wird und mit diesem Heldenmythos viele verführt.

Der Rechtsradikalismus bringt also ein generelles Problem und die Motive, die ihm zugrunde liegen, am deutlichsten zum Ausdruck, weil hier Gewalt am unmittelbarsten ausgedrückt und das dem Tödlichen Verschworene, das Gewalttätige, direkt widergespiegelt wird. Das läßt uns grundsätzliche Quellen erkennen, ermöglicht Rückschlüsse für die ganze Bandbreite der Gewalt, von Rassenideologien, Nationalismus, Klassenkampf, »heiligem« Terrorismus bis zum Prügeln, Foltern, Töten. Der offene Haß des Rechtsradikalen, seine Gewaltbereitschaft, spiegelt unmittelbar die Problematik wieder, der wir uns nähern müssen.

Das Verwerfen der eigenen Menschlichkeit verbindet alle, vom primitiven Rechtsradikalen bis zum Intellektuellen, der seinen Haß auf alles Fremde in menschenverachtende Ideologien verpackt. Der Haß gilt einem gemeinsamen Feind, nämlich dem Mitmenschlichen und dem Menschlichsein. Eine Stunde, nachdem Adam als Meßdiener dem Priester die Hostien gereicht hatte, tötete der 16jährige mit einem Kumpel einen »eher schwachen Menschen«, wie er sagt. Nachdem sie das betrunkene Opfer erst gequält und malträtiert hatten, töteten sie es mit einer abgebrochenen Weinflasche und einer zerbrochenen Gabel, die sie ihm ins Gehirn stießen. »Ich empfand kein Erbarmen ... es ging darum, ein harter Junge (ein Held!) zu sein«.[6]

Die Großmutter des Täters erzählt: »Adam hatte niemanden. Seine Eltern waren Herumtreiber, immer betrunken. Sein Vater hatte einen Nachbarn erstochen ..., seine Mutter überfiel junge Leute, um Geld für Wein zu erbeuten. Die Eltern hatten kein Herz für den Jungen. Er trommelte mal an die Wohnungstür: ›Mama, mach bitte auf, ich weiß, daß du da bist‹. Aber die Tür blieb zu.«

Adam erlebte seine eigenen Bedürfnisse nach Wärme, Liebe und Geborgenheit als etwas Leidvolles, gegen das er sich schützen mußte. Darin liegt das Allgemeine, das uns miteinander verbindet − in der Art, in der uns unsere eigenen Bedürfnisse zum Verhängnis werden, wenn man sie in der Kindheit nicht befriedigt. Und wie retten sich Kinder? Sie tun dies, indem sie auf Distanz zu sich selbst und ihrer eigenen

Menschlichkeit gehen, um diese nicht mehr zu spüren. Auch die Flucht in die virtuelle Welt des Computers kann eine solche Distanzierung sein. Oder, wie bei Adam, die Rache an der »Schwäche«, die ja die eigene ist.

Ein Skinhead kommt zu einem Interview, ausgerüstet mit Kette, Schlagring und einer Dose Tränengas.[7] Er braucht diese Dinge zu seiner Verteidigung. Er demonstriert Langeweile. Das ist typisch. Wenn Bedürfnisse nach Anerkennung, Liebe, Geborgenheit nicht befriedigt werden, bringt dies Schmerz hervor und dann Angst. Beides wird dadurch ferngehalten, daß man sich der aktuellen Situation entzieht, unbeteiligt ist, sich langweilt. Dieser Skinhead hatte sich einer rechtsradikalen Gruppe angeschlossen. »Zusammen sind wir stark«, sagt er. »Man muß den Führern gehorchen, alles tun, was sie verlangen.« Angst, sagt er, kenne er nicht. In der Gruppe fühle er sich stark. Man gehe zusammen saufen und prügele sich herum, säubere die Stadt von Gesindel. Das mache das Leben spannend: »Ich würde verrecken, wenn ich nicht zuschlagen könnte.« Indem er sich einer Autorität unterwirft, fühlt er sich auserkoren, erhaben und wertvoll.

Ich habe zuvor darauf hingewiesen, daß es etwas Allgemeines gibt, das uns alle mehr oder weniger verbindet. Zum Verständnis des Rechtsradikalismus stellt sich nun die Frage, an welchem Punkt die Entwicklung auseinanderläuft, wo der Moment ist, in dem der gemeinsame Prozeß so umschlägt, daß Gewalttätigkeit und die damit einhergehende Ideologie des Heldentums die Menschlichkeit völlig beiseite schieben.

Betrachten wir zunächst die Aussagen der Opfer. Ein Mann aus Jena, der von Rechtsradikalen mißhandelt wurde, berichtet:[8] »Als ich noch Rastalocken hatte, wurde ich zweimal von Rechten verprügelt, die zum Thüringer ›Heimatschutz‹ gehörten. Ich fuhr nachts durch den Park, da sind mir sechs von ihnen entgegengekommen, sie haben mich vom Rad gezerrt und dann verprügelt ... Aus meinem Freundeskreis wurde fast jeder schon mal von den Nazis zusammengeschlagen, manchmal wegen der Frisur oder der roten Schnürsenkel.« Ein anderes Opfer sagt: »Die Rechten versammeln sich auf dem Markplatz und hören ihre Musik. Die warten nur auf einen Anlaß, schon geht die Prügelei los.« Ein Schwarzer berichtet: »In den letzten drei Jahren haben die Rechten mich dreimal überfallen, mitten in der Stadt ... Außerdem wurde ich in der Straßenbahn verprügelt. Nicht nur manchmal, sondern immer, wenn ich in der Straßenbahn sitze, kommen ausländerfeindliche Sprüche gegen mich. ›Hau ab, Scheißneger‹, ›Ausländer raus‹, ›Du gehörst nach Auschwitz‹. Ob mir schon mal jemand geholfen hat? Nein! Besonders die jüngeren, die 15- bis 16jährigen, machen einen richtigen Kult um Adolf Hitler und erzählen sich gegenseitig, daß es unwertes Leben gibt und auf der anderen Seite die Arier.«

In allen Berichten beschreiben die Opfer, daß die Täter lächeln, während sie prügeln und foltern, wenn sie »beweisen« wollen, daß sie auf der Seite des »werten Lebens« stehen. Auch der Student, der im März 2001 in San Diego (USA) zwei Kommilitonen tötete und 13 weitere verletzte, lächelte, während er um sich schoß.[9] Diese Täter lächeln, während sie Menschen quälen und morden. Was bringt sie dazu, ihr eigenes Leben lächelnd zu vergeuden, während sie grundlos schlagen und töten?

Das Lächeln ist nicht nur die Verleugnung, sondern auch die Verhöhnung jenes Schmerzes, den sie anderen zufügen und den sie auf diese Weise von sich selbst fernhalten. Die Verleugnung des Schmerzes ist das Allgemeine, das wir alle erlebt haben, weil diejenigen, die uns den Schmerz zugefügt haben, es von uns verlangt haben. Bei dem rechtsradikalen Gewalttäter steigert sich dieser Prozeß in einen Haß auf den erlittenen Schmerz, der Schmerz wird zum inneren Feind, der bestraft und niedergemacht werden muß. Ein solcher Mensch verkehrt sein frühes Opfersein ins Gegenteil und wird zum Sadisten, um den Schmerz zu verhöhnen. Er fühlt sich nicht von seinem eigentlichen Peiniger verfolgt, sondern von seinen Opfern, denen er Schmerz zufügt. Elias Canetti kommt in »Masse und Macht«[10] zu der gleichen Schlußfolgerung: Die Peiniger fühlen sich verfolgt. In ihrem Buch »Without Sanctuary«[11] (Ohne Zuflucht) über die amerikanische Geschichte des Lynchens von Schwarzen zitieren die Autoren Lewis und Litwack einen der Täter: »Wir Weiße haben gelernt, uns vor dem Neger zu schützen, genauso wie wir es vor Gelbem Fieber und Malaria tun, den Auswirkungen schädlicher Insekten.« Auf allen Bildern in dieser erschütternden Horrorsammlung von mörderischen und grausamen amerikanischen Veranstaltungen sehen wir lächelnde Gesichter, nicht nur von erwachsenen Weißen, sondern auch von deren Kindern.

Der verpönte Schmerz

Man verhöhnt den Schmerz, den man anderen zufügt, aber am tiefsten verhöhnt man den Schmerz, den man selbst erlebte und nicht fühlen durfte. Das ist es, was uns der Rechtsradikalismus vor Augen führt: daß wir in einer Kultur leben, die Schmerz verniedlicht, verneint und als Schwäche abtut. Wenn dieser Verleugnungsdruck an Kinder weitergegeben wird, findet er seinen deutlichsten Ausdruck in den Schandtaten des Rechtsradikalismus.

In dem Buch »Familie und Aggression« veröffentlichte David Mark Mantell eine Studie, die er zur Einübung von Gewalt durchgeführt hatte.[12] Mantell untersuchte 25 Soldaten der Green Berets, die sich freiwillig für den Kriegseinsatz gemeldet hatten. Diese US-Eliteeinheit wurde durch ihre besondere Härte und Grausamkeit im Vietnamkrieg bekannt. Die Daten und Interviews verglich Mantell mit denen von 25 Kriegsdienstverweigerern. Es stellte sich heraus, daß die Familiengeschichten der Green Berets von einer ausgesprochen autoritären Erziehung geprägt waren, begleitet von massiver körperlicher Gewalt — im Gegensatz zur Sozialisation der Vergleichsgruppe. Die Soldaten identifizierten sich stark mit dem Erziehungsstil ihrer Eltern. Nach außen waren sie unauffällige und erfolgreiche junge Männer. Ihr auffallender Gehorsam in der Familie steigerte sich im Dschungelkrieg zu einer blinden Befehlsunterwerfung. Ihnen fehlte jedes Gefühl von Scham, Schuld und Verantwortung für ihre mörderischen Verbrechen an Frauen, Kindern und alten Menschen. Das Familienleben dieser Vietnamfreiwilligen wurde von einem überwältigenden System konformistischer Anforderungen beherrscht. Regeln wurden willkürlich und unabhängig von den Bedürfnissen der Familienmitglieder etabliert. Man verachtete Feingefühl und Zärtlichkeit. Vor allem wurden sie bei Männern als Schwäche bestraft. Die Väter beharrten auf ihrem Wertkodex. Alles, was nicht den eigenen Vorstellungen entsprach, lehnten sie als moralisch falsch ab. Überhaupt war Emotionalität verboten. Mantell bestätigte eine direkte Korrelation zwischen dem Ausmaß an körperlicher Mißhandlung in der Kindheit und der späteren Bereitschaft, Gewalttätigkeiten zu initiieren oder sich daran zu beteiligen.

Aufschlußreich war auch, daß diese Täter eine Mutter erlebt hatten, die von ihren Kindern noch mehr Disziplin, Gehorsam, Konformität und unterwürfiges Verhalten gegenüber Erwachsenen verlangte als der Vater. Die Mütter wandten auch körperliche Strafen häufiger an als ihre Ehemänner. Nur bei zwei der 25 Soldaten war dies nicht der Fall.

Die Verkehrung der Gefühle

Das ist es, was Menschen zur Gewalttätigkeit treibt: Die fehlende Möglichkeit, eigene Bedürfnisse und Wahrnehmungen zum Kern der eigenen Identitätsentwicklung zu machen. Ein 50jähriger Patient, Sohn eines gewalttätigen Nationalsozialisten und einer unterwürfigen Mutter, berichtete mir: »Ich habe Angst, meinen Gefühlen, Regungen und Impulsen zu trauen. Das wird negative Konsequenzen haben. Mein Vater sprach immer davon, daß man den eigenen Willen zerstören muß, um Gottes Willen und den eines Führers zu erfüllen. Man muß sich dem höheren Willen unterordnen. Der eigene Wille ist schlecht und muß zerstört werden. Ich lebe in ständiger Angst, aber ich spüre den Terror meines Vaters wenig. Daß meine Mutter einmal dazwischenging, als mein Vater mich als Siebenjährigen zu ermorden versuchte, darf ich gar nicht so sehen. Ich habe das immer damit abgetan, daß er mir ja nicht geschadet hat. Ich war vorhin empört, als Sie mich daran erinnerten, daß meine Mutter mir sagte, daß er mich einmal beinahe tötete. Ich habe immer noch Angst, daß er mich umbringen könnte.«[13]

Dieser Mann unterwarf sich seinem autoritären Vater jedoch nie vollkommen. Das ist wichtig. Denn die Tatsache, daß er einen Teil seines Selbst beibehielt, bewahrte ihn davor, ein rechter Gewalttäter zu werden. Es ist die gehorsame Unterwerfung unter den Willen eines mächtigen Anderen, die zu einer Identität führt, die gewalttätig sein muß, um mit sich selbst leben zu können. In einer Studie beschrieb der Heidelberger Psychosomatiker Friedrich Schaeffer die verheerenden Auswirkungen einer »pathologischen Treue« seitens einer jungen Frau zu ihrer Großmutter, die unmenschlich und sadistisch mit ihr umging.[14] Ihre eigenen Gefühle wurden von dieser Großmutter und von ihr selbst als hassenswerte Schwäche bekämpft.

Hinter dieser Treue verbirgt sich ein tiefer Gehorsam, durch den die junge Frau jede Regung ihrer Großmutter zu ihrer eigenen machte. So wurde das Unglück ihres Lebens nicht nur aufrechterhalten, es wurde auch noch moralisch gerechtfertigt und verteidigt. Diese moralische Rechtfertigung treffen wir überall an, wo sich Menschen ihrem Unterdrücker ergeben haben. Auch im faschistischen Denken wird der Treue gehuldigt. Tatsächlich ist sie aber nichts anderes als unterwürfiger Gehorsam. Der Rechtsradikale sieht sich nicht als gehorsam, sondern als »treu«, was eine »freie Wahl« impliziert und als moralischer Wert gefeiert wird. So kommt ein absurder Verdrehungsprozeß in Gang: Gehorsam wird zur Freiheit umgedeutet und die freiwillige Knechtschaft zu einem bewundernswerten autonomen Akt. So wird verhüllt, worum es wirklich geht: um einen Gehorsam, welcher der Identifikation mit dem Mächtigen, der Gewalt, dient. Das alles ist das Resultat eines destruktiven Vorgangs, in dem eigener Wert in Unwert und Unwert in Wert verwandelt wird.

Es ist eigenartig, daß sich der Mensch, dessen Existenz von Terror bedroht ist, mit der ihn bedrohenden Instanz identifiziert, mit ihr verschmilzt, seine Identität einer vermeintlichen Rettung wegen aufgibt. Der Dichter Rainer Maria Rilke erfaßte diese Tatsache intuitiv in seiner »Weise von Liebe und Tod des Cornets Christoph Rilke«.[15] Auf einem Kreuzzug gegen die Heiden wird dieser Cornet Rilke von Feinden umzingelt. Als Selbstschutz erlebt der Held des Gedichts die auf ihn einschlagenden blitzenden Säbel als einen lachenden, auf ihn niederrieselnden Wasserbrunnen. Um den Terror nicht zu registrieren, mit dem wir konfrontiert sind, und um die eigene seelische Einheit zu bewahren, werden wir blind. Anstatt den Realitäten ins Auge zu schauen, halluzinieren wir eine Einheit mit dem uns bedrohenden Anderen und verlieren so die eigene Identität und manchmal sogar das Leben.

Dieser Prozeß verursacht und steuert Gewalt, psychische oder körperliche. Die Wurzeln dieses uralten Mechanismus liegen in frühester Kindheit, wenn die versorgenden Eltern versuchen, dem Kind ihren Willen aufzuzwingen. Diese Erfahrung von Gewalt bedroht jedes Kind mit dem Erlöschen seines eigenen, gerade erst im Entstehen begriffenen Selbst. Gerade solche Kinder, deren eigener Wille besonders gewalttätig unterdrückt wurde, entwickeln einen verhängnisvollen Gehorsam und eine pathologische Treue gegenüber der Gewalt. So kommt ein Kreislauf in Gang, in dem Gewalt zur Grundlage des Seins wird.

Menschen, die einer solchen Entwicklung ausgesetzt waren, müssen alles, was die Wahrheit aufdecken und zu wirklicher Liebe führen würde, hassen und zerstören. So kommt es zu einer unaufhaltsamen Entfremdung vom eigenen Selbst. Der Bericht des 22jährigen deutschen Rechtsradikalen Stephan in dem Buch »Mein Traum ist der Traum von vielen« ist ein erschütterndes Beispiel für eine Umkehrung und Verleugnung der eigenen Geschichte, also eine Entfremdung von sich selbst.[16] Er zeigt auf, wie das Übernehmen einer Lüge über eine vorgebliche Liebe dem Menschen die Fähigkeit zum eigenen Denken und Fühlen nimmt und wie dies zu Destruktivität und offener Gewalt führt.

Folgendes sagt er ohne ein Bewußtsein für die darin ausgedrückten Widersprüche: »Meine Eltern lieben uns über alles … Wir haben nie über Schwierigkeiten gesprochen, höchstens wenn alles schon zu spät war. Man ist nie aufeinander eingegangen … Meine Eltern haben Fehler gemacht … warum und welche, weiß ich nicht genau. Ich kann mich nicht erinnern, daß zwischen mir und meinen Eltern irgendwelche Zärtlichkeiten abgelaufen sind. Meine Eltern hatten nie einen Durchblick über uns Kinder. Sie haben nie gecheckt, wenn ich was Krummes gemacht habe …« Er redet in sentimentalen Phrasen, berichtet stolz von der Liebe der Eltern. Und gleichzeitig spricht er davon, daß es keine Zärtlichkeit gab. Er gebraucht Worte um ihrer Wirkung willen, ohne Bezug zu inneren Vorgängen: Er habe »die Bestätigung durch eine harte und sehr männliche Gruppe gesucht. ... Wenn ich an den Nationalsozialismus gedacht habe, dann fielen mir zuerst alte Persönlichkeiten aus der Zeit ein: der Führer, die ganze Bewegung, gute deutsche Soldaten, die Härte, die Gemeinschaft ... Alle Leute aus der rechten Szene, mit denen ich zusammen war, haben immer gesagt, die NS-Verbrechen haben nicht stattgefunden ... Gleichzeitig haben die ... so etwas wie Gummiknüppel-Brutalität und Härte gut gefunden.«

Ohne mit der Wimper zu zucken, gibt er solche Widersprüchlichkeiten von sich: »Das neue Jahr fing dann so an, daß ich rumgammelte und krumme Sachen gedreht habe. (Nachdem ich die Schule geschmissen habe) bin ich wenige Tage später wegen eines Raubüberfalls in U-Haft gekommen. Erinnere mich bloß nicht an diese Geschichte! Da kriege ich jetzt noch ein schlechtes Gewissen. Oder wie würde es dir gehen, wenn du eine ältere Frau überfällst? Aber das ist ohne Absicht passiert ... « Er spricht von

Gewissen, ohne ein Gewissen zu haben. Dadurch verwirrt er seine Zuhörer, die glauben möchten, daß jeder ein Gewissen hat.

»Mit meinem Aussehen bin ich ganz zufrieden«, redet er weiter, »das heißt: es geht. Ich gucke viel in den Spiegel ... Nur manchmal halte ich mich einfach für zu weich. Ich möchte männlicher sein ... Im Grunde genommen ist die Menschheit schlecht und egoistisch ... Freundschaft ist das Höchste im Leben. Wenn ich meine Freunde charakterisieren soll, dann fallen mir drei verschiedene Typen ein: Reiche, Leute aus der Halbwelt und Drogenfreaks ... Mein Freund lebt noch mit seiner Familie zusammen. Die himmeln ihn völlig an, er ist dort der Mann im Haus. Er läuft da mit nacktem Oberkörper herum und wird richtig bewundert ... Zwischendurch läßt er sich von Frauen aushalten. Denen nimmt er alles ab. Eigentlich ist er ihnen gegenüber wirklich ein Schwein ... (Er beschreibt hier das Macho-Ideal der Nazis.) Ein Mann, der nicht fremdgeht, ist für mich kein richtiger Mann ... Eine gute Freundschaft unter Männern ist mehr wert als jedes Mädchen ... Unsere Ideologie besagt, daß man sauber, frisch und anständig herumläuft. Die, die anders aussehen, bekommen zwangsläufig einen Ungeziefercharakter.«

Der Fremde

Die Vorurteile und die Gewaltbereitschaft solcher Menschen finden eine Entsprechung in den Gefühlen angepaßter Bürger, die zwar selbst nicht gewalttätig sind, aber eine tiefe Angst vor Veränderung haben. Das führt dazu, daß diese sich der Gewalttäter »bedienen«, indem sie ihnen durch ihr Schweigen und ihre »Es geht mich nichts an«-Haltung Unterstützung bieten.[17] Sie glauben tatsächlich, Rechtsradikale würden ihre Interessen vertreten, wenn sie gegen »Andersartige« vorgehen. So verhinderte zum Beispiel die Polizei nicht, daß Stephan und seine »Freunde« eine Gruppe Linksgerichteter angriffen. Das gab den Neonazis das Gefühl, für die Polizei zu arbeiten. Wenn eine Gesellschaft ein solches Vorgehen duldet, dann ist sie selbst tödlich erkrankt. Albert Einstein sagte: Die Welt ist nicht bedroht von Menschen, die böse sind, sondern von denen, die Böses zulassen.

Rechtsradikalismus gedeiht nicht ohne dieses Umfeld. Das Gefühl von Minderwertigkeit, das Menschen haben, deren Eigenes ausgelöscht wurde, weil sie als Kind keine liebende Verbindung mit den Eltern erlebt haben, braucht eine

Umgebung, die diesem Minderwertigkeitsempfinden entgegenwirkt. Deshalb fördert Schweigen die Destruktivität. In einem solchen duldenden Umfeld fühlen sich Rechtsradikale stark, selbst wenn sie nur eine kleine Gruppe sind. Stillschweigende Zustimmung gibt ihnen das Gefühl, die anderen dächten insgeheim genauso wie sie.

Und in der Tat liegen sie mit dieser Vermutung nicht ganz falsch. Eine neue Studie der Friedrich-Ebert-Stiftung über Rechtsradikalismus und Gewalt[18] belegt, daß rund zwei Drittel der Deutschen glauben, Deutschland brauche eine starke Hand; nur einer, der durchgreife und eine starke Partei im Rücken habe, könne es schaffen, die gegenwärtigen Probleme in den Griff zu kriegen. Hinter dieser Suche nach dem starken Mann verbirgt sich die Identifikation mit Autorität, die Unterwerfung unter einen autoritären Vater und die daraus resultierende Treue gegenüber jeglichem Machtgehabe. Solche Menschen werten auch Leid als Schwäche ab und distanzieren sich von Mitgefühl. Überdies vertreten viele der Studie der Friedrich-Ebert-Stiftung zufolge die Meinung, in Not geratene Menschen hätten ihre Situation selbst verschuldet, und niemand solle unterstützt werden, der es nicht wirklich verdient. Hinter dieser Haltung, die ja auch von renommierten Vertretern des modernen Neoliberalismus propagiert wird, steckt eine Verachtung für jeden, der schwach ist oder als schwach eingeschätzt wird. Deshalb machen Rechte Leid als Schwäche nieder. Natürlich ist nicht jeder, der zu den genannten zwei Dritteln gehört, gewalttätig und rechtsradikal. Aber die Gefühlslage, die als emotionaler Unterton in der geäußerten Haltung mitschwingt, veranlaßt den Rechten, sich in seinem gewalttätigen Anliegen unterstützt zu fühlen.

Daher sehen sich Rechtsradikale mühelos in der Rolle des Helden, der zu tun »wagt«, woran andere nur denken. Das Schweigen der Mehrheit wird zur Bestätigung und Rechtfertigung ihrer Gewalt. Schweigen angesichts des Bösen bedeutet deshalb: Komplizenschaft. Wir müssen Menschen Mut machen, sich nicht zu schämen, ihre Gefühle für Gerechtigkeit und ihr Mitgefühl für Leid und Schmerz zu zeigen. Das wird den Rechtsradikalen verunsichern, der ja in Wahrheit ein Feigling ist und sich nur in der Gruppe stark fühlt.

Wenden wir uns wieder der inneren Problematik des Rechtsradikalen zu, die ja darin besteht, daß er sein eigenes Inneres verwirft. Er lehnt sich in seiner Menschlichkeit ab und braucht deshalb den Andern, den Feind, um sich in diesem zu sehen und zu bekämpfen. Die Ideologie dieser Gewalttäter ist dieselbe, wie sie auch Nazi-Ideologe Carl Schmitt vertrat: Man findet die eigene Gestalt beziehungsweise definiert sich selbst, indem man einen andersartigen Menschen, den Feind, sucht, findet und bekämpft. An diesem Gedanken ist durchaus etwas Richtiges, allerdings nur, weil er von einer falschen Prämisse ausgeht.

Menschen, die ihr eigenes Selbst aufgeben mußten, um sich mit ihren Eltern zu arrangieren, suchen sich immer wieder in dem Fremden, der ja das eigene Selbst ist, das sie in der Gestalt des feindlichen Fremden bekämpfen müssen. Auf diesem Wege gelingt es dem Rechtsradikalen tatsächlich, seinen verlorenen, verschmähten, abgetrennten Teil wiederzufinden und dann zu bestrafen. So gibt er weiter, was man ihm angetan hat. In der Bekämpfung des Feindes wird die Frage, wer oder wie man ist, negativ beantwortet. In der Gestalt des Feindes kann man des abgewiesenen Teils des Selbst, das man hätte werden können, habhaft werden und ihn erneut verwerfen. Dies resultiert in einer verdrehten Rache, bei der der Haß sich auf das Eigene richtet, das zum Feind wurde, weil es die lebensnotwendige Verbindung mit den Eltern bedrohte.

Carl Schmitts Theorie war, daß die Auseinandersetzung mit dem Andern, dem Feind, ein Gefühl dafür vermittelt, was die eigene Gestalt, das eigene Selbst sein könne.[19] In einem tieferen, wenn auch von ihm nicht erkannten Sinn, hatte er damit sogar recht. Schmitt war aber blind dafür, daß seine Vorstellung von der Selbsterkundung eine Abhängigkeit vom Feind impliziert. Ein Unsinn auf ideologischer Ebene, denn er mißbrauchte ein Potential, das zu einer tiefen Einsicht in das eigene Selbst führen könnte, um Mord und Gewalt der Nazis zu rechtfertigen. Wie viele Intellektuelle sah er in diesem Wahnsinn eine echte intellektuelle Leistung. Abgetrennt von dem inneren Vorgang der Jagd nach dem abhandengekommenen Selbst, wurden diese Gedanken zu einem psychotischen Hirngespinst, das als verschleiernde Rechtfertigung dafür diente, daß die Gewalt, die als Kind erlebt wurde, als gewalttätige Bestrafung an andere »Andersartige« weitergegeben werden konnte. Heute wie damals geben die Rechtsradikalen eine Gewalt weiter, die ihnen selbst angetan wurde: Es geht um die Verurteilung ihrer eigenen angeborenen Menschlichkeit, ihres Schmerzes, ihrer Hoffnungslosigkeit und Ohnmacht.

Um sich auf diesem Wege vom verbotenen Eigenen zu »befreien«, beschwören solche Menschen — was Schmitt explizit tat — die »Rückhaltlosigkeit des Gehorsams«. Das ist teuflisch: Indem der Gehorsam zum Ideal erhoben wird, verfestigt man die eigene Versklavung, die im Selbstverrat jener Menschen endet, deren Identitätsbildung geschädigt ist: Unter dem Deckmantel einer Law-and-order-Gesellschaft, die Macht und Gehorsam glorifiziert, aber nicht wirklich reflektiert, wird man zum freiwilligen Knecht einer im Kern faschistischen Ideologie. In dieser Psychose der Unterwerfung und der Gewalttätigkeit verkehrt sich der Terror der Kindheit in eine Tugend des Gehorsams, die fortan eigenständig das Eigene als Betrug verleugnet. So kämpfen diese Menschen zeit ihres Lebens gegen den Feind außerhalb ihrer selbst, sie begeben sich in einen dauernden Kriegszustand. Das Leben wird dann Krieg und Gewalt.

Die Verwerfung des Eigenen hat noch weitere Konsequenzen: Sie verändert die strukturelle, biologische Basis des Verhaltens, wie ich noch erläutern werde. Kinder, die nicht den Terror erlebt haben, der aus der Verwerfung ihres Eigenen entsteht, wachsen zu Menschen heran, die ihrer Umwelt positiv, voller Neugier und mit Wohlgefühl begegnen. Anders ist es, wenn die frühen Erlebnisse eines Säuglings und Kindes von Gefahr dominiert waren, da seine Gefühle und Wahrnehmungen von den sorgenden Erwachsenen nicht gebilligt wurden. Dann entwickelt das Kind eine Haltung zur Welt, die nicht auf Entgegenkommen, sondern auf Vermeidung und Abwehr basiert. Wut und Aggression werden zum mächtigen Kern des Daseins, wodurch sich das Gefühl, in einer bedrohlichen Welt zu leben, noch verstärkt. Die Wahrnehmung verengt sich. Anstatt in der Umgebung Anregungen, Entwicklungsmöglichkeiten und Anreize zu erkennen, richtet sich der Blick auf Gefahren. Abwehr wird so zum Kern des Überlebens.[20] Der Mensch fühlt sich nicht zu Hause in der Welt, es fehlt ein Geborgenheitsgefühl im Vertrauten. Statt dessen dominiert das Unvertraute. Anstatt Neugier zu wecken, wird das Fremde zu etwas, das Angst und Mißtrauen erregt, weshalb alles, was neu und anders ist, abgewehrt wird. Solchen Menschen fällt es schwer zu unterscheiden, was vertrauenerweckend ist und was bedrohlich sein könnte. Diese Unfähigkeit zwingt sie, Veränderungen und Neues als Gefahr zu erleben und darauf mit Abwehr zu reagieren.

Schon als Kinder haben diese Menschen eine Scheu vor Unbekanntem, sie sehen darin eine mögliche Gefahr und projizieren ihre Ängste darauf. Dabei kommt natürlich das Eigene, das zum Fremden gemacht wurde, ins Spiel. Eine derartige Haltung zur Welt versetzt Kinder (und später auch die Erwachsenen) in einen permanenten, von hormonalen Veränderungen begleiteten Streßzustand, der es ihnen unmöglich macht, auf positive Signale des Lebens einzugehen. Wenn kindliche Bedürfnisse nicht ernst genommen werden, wenn Eltern einem Kind ihren Willen aufzwingen, weil sie zum Beispiel seine Ängste oder seine Traurigkeit als gegen sich selbst gerichtet empfinden, dann kommt es zu einer physiologischen Disregulation, da der dauernde Streß die hormonale Regulation konstant beeinträchtigt. Auf psychologischer Ebene heißt das: Das Kind fühlt sich noch hilfloser und empfindet noch mehr Streß. Das wiederum weckt Wut und gewalttätige Gefühle, wodurch Bösartigkeit und Sadismus verstärkt werden.[21] Rechtradikalismus entspricht also einer pathologischen Entwicklung. Man kann dieser nur entgegenwirken, indem man ihre Wurzeln im Auge behält. Liebenswürdigkeit trägt sicher nicht zur Heilung der psychologischen Deformation jugendlicher Gewalttäter bei — auch wenn Mitgefühl durchaus nötig ist. Wirksam ist nur die Haltung eines konsequenten Nein zu Gewalttätigkeit. Wer sich diesen in ihrer Menschlichkeit Geschädigten nachsichtig und freundlich nähert, bestärkt sie in ihren Vorstellungen, weil sie darin eine Schwäche sehen und so ihr Verhalten eine Rechtfertigung erfährt.

Wer solche lebenden »Gewaltbomben« entschärfen will, muß seine eigene Gewaltbereitschaft erkennen. Das ist nicht einfach, weil diese oft hinter einer Fassade der Güte verborgen ist. Der Erziehungswissenschaftler Jens Weidner[22] berichtete von Gewalttätern, die einen Ausstieg aus ihrem aggressiven Leben suchten: Die Jugendlichen äußerten unverhohlen ihre Verachtung für verständnisvolle Pädagogen und Psychologen, die mit ihnen einfühlsame, nette und ruhige Gespräche über ihre Kindheit führen wollten. Sie bezeichneten diese als »Sozial-Fuzzies«, mit denen sie schon im Alter von 10 Jahren auf dem Jugendamt konfrontiert waren. An freundlichem Verständnis waren die Jugendlichen nicht interessiert; statt dessen wollten sie über ihre Gewalttaten sprechen. Das Bedürfnis von Schlägern, über ihre Taten zu reden, ist enorm. Sie sprechen davon wie von heldenhaften Kampfeinsätzen. Es ist Aufgabe der Psychologen, auf das Leid und die Ängste der Opfer hinzuweisen. Aber zuerst müssen sie direkt auf die Gewalttaten eingehen; es ist die einzige Ebene, auf der man die Gewalttäter treffen und erreichen kann.

Die Jugendlichen in Weidners Studie wollten kein Mitleid, keine Schonung. Sie wollten Konfrontation, Provokation, ein hartes, brutales Nachfragen. Jens Weidner war brutal, er löcherte sie mit Fragen, bis ihre Abwehr zusammenbrach. Wenn man den Helden lange genug malträtiert, schrumpft er irgendwann zum Feigling zusammen. Es geht um eine schonungslose Konfrontation mit sich selbst, weil nur diese zu jener Wahrheit führt, der auszuweichen solche Menschen gewohnt sind. Nur so kann man sie zur Scham über den Mord und zur Achtung vor dem Leben zurückführen.

Ich habe bereits darauf hingewiesen, daß diese Täter nicht von selbst über ihre Vergangenheit nachdenken, denn es würde den ursprünglichen Terror ihrer Kindheit zum Leben erwecken. Man muß ihnen den Mut dazu geben, indem man sie hier und jetzt mit sich und ihrem Tun konfrontiert. Sie betrachten ihre Opfer als Täter und erkennen sich nicht selbst als kindliche Opfer. Daran etwas zu ändern bedeutet inneren Terror. Sie sind Täter, weil sie den Kontakt zu ihren eigenen menschlichen Gefühlen und denen ihrer Mitmenschen verloren haben: »In mir und um mich herum sind Langeweile, gähnende Leere, Tod.«

Was geschieht, wenn man solche Menschen unausweichlich mit den Folgen ihres Tuns und dem Schmerz ihrer Opfer konfrontiert? Wenn es gelingt, sie an ihr eigenes Opfersein heranzuführen, dann werden sie auch zum eigenen verdrängten Schmerz durchdringen. Erst dann können sie zu ihrem verstoßenen Menschsein zurückfinden. Die psychotischen Mörder, mit denen ich im englischen Psychiatriegefängnis von Broadmoor gearbeitet habe, wollten sich in dieser Situation, als sie die Schmerzen ihrer Opfer erlebten, selbst töten, weil sie zum ersten Mal Schuld und Scham über ihre Tat zuließen.[23] Das war für sie aber immer auch der Anfang ihrer Genesung zum Menschsein.

Nichtidentität und die Gefahr für die Demokratie

Kommen wir zurück zum Rechtsextremismus und dessen Ursprüngen. Eine differenzierte Analyse der Unterschiede und Gemeinsamkeiten im Vergleich zum Linksextremismus führt zu einem besseren Verständnis und einer wirksameren Bekämpfung des Rechtsextremismus.

Die Entwicklung des Rechtsradikalismus basiert auf autoritärer Erziehung. Mantell hatte deutlich gemacht, daß Kinder in diesem Sozialisationsprozeß weder von seiten der Väter noch von seiten der Mütter Geborgenheit und Wärme erlebten. Die Ergebnisse einer bereits 1950 veröffentlichten Studie von Henry Dicks lassen ähnliche Schlüsse zu:[24] Dicks befragte 1000 deutsche Kriegsgefangene des Zweiten Weltkriegs. 11 Prozent der Gefangenen erwiesen sich als aktive Nazis, 25 Prozent waren gläubige Nazis, die aber Vorbehalte hatten. Diese beiden Gruppen, also 36 Prozent der Befragten, zeigten im Vergleich zu den Nicht-Nazis eine signifikante Ablehnung von Zärtlichkeit. In ihrer Beziehung zur Mutter hatten sie keine Zärtlichkeit erfahren. Zärtlichkeitsgefühle waren verboten gewesen, das Bedürfnis nach Liebe und

Wärme war mit einem Tabu belegt und mußte unterdrückt werden. In den klinischen Interviews, die Dicks durchführte, zeigten die überzeugten Nazis eine starke Identifikation mit den autoritären, bestrafenden und auf Gehorsam pochenden Vätern. Zweifel und Kritik an ihnen gab es nicht.

Jene Gefangenen dagegen, die sich in Dicks Untersuchung kritisch gegenüber den Nazis äußerten, berichteten auch von positiven Beziehungen zu ihren Müttern, sie waren auch zu liebevollen Beziehungen zu Frauen fähig. Bei den Nazis dagegen waren »Liebes«-Gefühle an politische Symbole gebunden. Warme menschliche Empfindungen ließen sich nicht feststellen. Nimmt man ihnen den Glauben an den Nationalsozialismus, dann brechen sie einfach zusammen, schreibt Dicks, »da kein integrierender Kern existiert«. Mit ihrer Brutalität, so Dicks, konnten die überzeugten Nazis ihre Persönlichkeit zusammenhalten — eine Persönlichkeitsstruktur, die auf einer Identifikation mit destruktiven, bestrafenden Vätern beruhte. Im Gefangenenlager sahen sie sich als Opfer derer, die ihnen mit Verständnis entgegenkamen. Sie empfanden Güte als Feindseligkeit und unterstellten Menschen, die ihnen freundlich begegneten, daß diese ihre eigene »nichtsahnende Einfachheit, Güte und Sanftheit mißbrauchen wollten«. Freundlichkeit wurde also verachtet, als Schwäche interpretiert, die man rücksichtslos und ohne Erbarmen vernichten müsse. Wir erkennen hier die Angst, von Menschlichkeit berührt zu werden.

Autoritäre Erziehung ohne eine ausgleichende Zärtlichkeit durch Vater oder Mutter treibt Menschen in eine enge, beschränkte Erlebniswelt, die auch ihren weiteren Lebenslauf bestimmt. Alles Neue muß abgewehrt werden, denn es birgt die Gefahr einer positiven und liebevollen Erfahrung, welche das eigene Bedürfnis nach Zärtlichkeit und Wärme heraufbeschwören könnte. Ein solcher Mensch bleibt nicht nur in seinem Erleben rigide begrenzt, er bleibt auch abhängig von dem, was ihn formte: von Autorität. Das Lebendige und Neue macht Angst, nur der Gehorsam gegenüber der Autorität und der einschränkenden, tödlichen Gewalt verspricht Erlösung. Gewalt bedeutet hier Stärke, während Mitgefühl als Schwäche erlebt wird. Stark sein ist gleichbedeutend mit Heldentum, sich dem Tode verschrieben zu haben heißt lebendig sein, am Leben sein.

Selbstmitleid

Dennoch erleben sich diese Menschen als Opfer, und zwar als Opfer derer, die sie selbst peinigen, verachten, entwürdigen, morden. Sie verlagern ihr eigenes tatsächliches Opfersein in einer gewalttätigen Erziehung auf ein von Selbstmitleid durchdrungenes Gefühl, Opfer derer zu sein, die sie wegen ihrer Menschlichkeit hassen, da diese in ihnen das verbotene Verlangen nach Liebe und Zärtlichkeit wecken. So fühlen sie sich von denjenigen bedroht, die sie menschlich berühren könnten, von Juden, Zigeunern, Asiaten, Schwarzen, von all denen, die sie als andersartig und fremd einstufen, um so das gemeinsame Menschliche, das angst macht, zu verstümmeln, zu kreuzigen, zu töten. Sie flehen um Mitleid, weil sie sich so berechtigt fühlen, ihre Gewalttätigkeit gegen jene zu richten, die ihnen Angst machen, gerade weil diese in ihnen das wecken, was ihnen verboten war — das Menschliche. Aus diesem Grund müssen solche Menschen töten, weil nur das ihnen erlaubt, aufrecht zu gehen, weil das Morden sie von der Angst befreit, selbst ein nach Liebe, Zärtlichkeit und Wärme hungernder Mensch zu sein.

Es stellt sich immer wieder die Frage, warum Rechtsradikalismus trotz seiner offensichtlichen Gewalttätigkeit so oft toleriert, verharmlost, ja sogar geleugnet wird. Rechtsradikalismus kann nur verstanden und bekämpft werden, wenn man auch das gesellschaftliche Umfeld betrachtet, in dem er gedeiht. Wir finden hier Menschen, die zwar nicht selbst gewalttätig sein möchten, die aber eines mit dem Rechtsradikalen gemeinsam haben: Auch sie haben Angst vor Neuem, vor Lebendigem. Sie fürchten alles, was ihnen die auf Gehorsam beruhende Ordnung nehmen könnte, was sie verunsichert in ihrem festgeschriebenen Rollenverhalten, ihren angepaßten Gefühlsposen, die nichts mit wirklichem Gefühl und der Spontaneität zu tun haben, die das teilnehmende Erleben von etwas Neuem, Lebendigem mit sich bringt. Die Angst, nicht dem vorgeschriebenen Verhaltenskodex zu entsprechen, ist tief in den Gehorsamkeitsstrukturen verankert, die unsere Zivilisationen prägen. Diese Angst wird durch die Rechtsextremisten geschürt und herausgefordert. Sie bringt auf diese Weise die schweigende Mehrheit hervor, eine aus Konformisten und Angepaßten bestehende Masse, deren zustimmendes Schweigen den Rechten als Legitimation ihrer brutalen Aktionen dient. Die extreme Rechte der neuen amerikanischen Politik hat sich selbst als »silent majority« bezeichnet, zum einen, um sich so zur eigenständigen Gruppe zu erklären. Diese angepaßte, zu Ressentiments neigende, sonst aber eher unauffällige und nicht gewalttätige Gruppierung gab sich auf diese Weise zum andern aber auch Kontur, ihre Anhänger können sich so als Menschen erleben, die Macht haben und jemand sind. Sie haben mit diesem Begriff auf eine Tatsache verwiesen, die sonst nicht so deutlich wahrgenommen wurde: daß rechtsextreme Politiker als Machtbasis auf ein großes Potential von schweigenden, aber durch ihre Angst vor dem Leben innerlich bedrohten Menschen zurückgreifen können.

Die zuvor genannte Studie von Henry Dicks gibt Einblick in die Psychodynamik dieser konformistischen, angepaßten Menschen. Die von ihm unter den 1000 Kriegsgefangenen als »harter Kern« ermittelten 11 Prozent der überzeugten Nazis entsprechen etwa dem Anteil von 8 bis 10 Prozent, den heute die rechten Parteien in westlichen Ländern auf sich verbuchen können. 25 Prozent der Gefangenen in Dicks' Studie waren als Nazis nicht ganz so überzeugt, müssen aber dennoch zu den Anhängern gezählt werden. 40 Prozent der untersuchten Gruppe erwiesen sich als weitgehend unpolitisch. Sie unterschieden sich von den Nazis durch den Grad der autoritären Erziehung, des Zärtlichkeitstabus, der Verwerfung eigener Bedürfnisse nach Wärme und Liebe sowie der Abwertung von Frauen als minderwertig. Am höchsten waren diese Werte bei den 11 Prozent überzeugter Nazis, etwas geringer bei den 25 Prozent und noch niedriger bei den 40 Prozent Unpolitischen. Letztere waren Mitläufer, allerdings keine Gegner der Nazi-Ideologie. Passive und aktive Anti-Nazis machten in Dicks' Studie 24 Prozent aus. Sie waren es, die Bedürfnisse nach Liebe und Wärme zuließen, die Frauen mehr als ebenbürtige Beziehungspartner sahen und sich in ihrem persönlichen Verhalten nicht an einem Führer oder am Staat orientierten.

Das innere Opfer

Die Statistiken von Dicks zeigen deutliche Übereinstimmungen mit den vor kurzem durch die Friedrich-Ebert-Stiftung erhobenen Daten über Rechtsextremismus und Gewalt. Wie schon erwähnt, glauben zwei Drittel der Deutschen auch heute noch, Deutschland brauche eine starke Hand, und nur ein Politiker, der hart durchgreife und eine starke Partei im Rücken habe, bekäme die aktuellen Probleme in den Griff. Die Studie zeigte auch, daß diese Menschen Leid und Not als Schwäche abtun, kein Mitgefühl empfinden und der gängigen gesellschaftlichen Praxis zustimmen, man solle Menschen in Not nicht unterstützen, und jeder müsse für sich selbst sorgen. Sich anders zu verhalten bedeutet für sie, schwach zu sein.

Darin stecken Hoffnung und Schrecken zugleich. Die Erkenntnisse beider Studien sagen folgendes aus: Es gibt einen harten Kern von Menschen, die rechtsradikalem Denken und Fühlen ergeben sind. Weitere 30 bis 40 Prozent sind bereit, einem autoritären Auftreten Folge zu leisten, wenn dabei ihre Ängste und ihr Selbstmitleid (also die Bereitschaft, sich als Opfer zu fühlen) angesprochen werden. Auf jeden Fall spielen hier die äußere wirtschaftliche Situation und die Stabilität allgemeiner gesellschaftlicher »Normen« eine Rolle. Man darf aber nicht aus den Augen verlieren, daß die generelle Bereitschaft, sich unter gesellschaftlich instabilen Verhältnissen aus Angst und Selbstmitleid autoritärem Denken und Fühlen hinzugeben, auf einer inneren Konformität beruht, die schon in der Kindheit vorgeformt wurde. Die Hoffnung liegt bei denen, die eine wirkliche Identität haben. Sie sind die Stütze der Demokratie und müssen jene konformistischen 30 bis 40 Prozent davon abhalten, den harten autoritären Kern durch ihr Schweigen zu unterstützen oder sich ihm gar anzuschließen. Natürlich heißt das auch, aktiv aktuellen Bedürfnissen nach wirtschaftlicher Sicherheit und Gerechtigkeit im sozialen Leben nachzukommen. Leere Versprechungen liefern den Rechtsradikalen nur neue Munition für ihren Haß und ihre Gewalt. Erschreckend ist hier die Erkenntnis, wie instabil Menschen, deren Erziehung durch Autorität und Gehorsam bestimmt war, eine Demokratie machen. Die anderen, denen die Demokratie am Herzen liegt, müssen alles tun, um dieses Fehlen eines demokratischen Kerns bei immerhin mehr als der Hälfte der Bevölkerung auszugleichen.

Der englische Pädiater und Psychoanalytiker Donald Winnicott stellte schon Anfang der fünfziger Jahre die These auf, eine demokratische Gesellschaft brauche emotional reife Mitglieder, um zu funktionieren.[25] Autoritäre Erziehung steht einer solchen Reife nicht nur im Weg, sie entzieht den Menschen auch die Grundlage dafür. Emotionale Reife hat ihren Ursprung in der Fähigkeit des Mitfühlens, der Empathie, die jedes Kind schon im Mutterleib entwickelt. Diese Fähigkeit kann durch autoritäre Erziehung überlagert oder sogar ganz zunichte werden. MacLean, forschender Neurologe an der Rockefeller University, zeigte bei seinen Studien über das menschliche Gehirn bereits 1967 nicht nur, daß empathische Empfindungen Vorbedingung für ein Gefühl persönlicher Identität sind.[26] Er wies auch nach, daß die empathischen Verdrahtungen des sympathischen Nervensystems während der Kindheit stimuliert müssen, da sie andernfalls aufhören zu funktionieren. Eine Erziehung, die auf Gehorsam pocht, hemmt oder zerstört empathische Fähigkeiten. Da eine Entwicklung, die auf der dem Menschen eigenen Empathie beruht, unmöglich gemacht wird, führt eine solche Erziehung gleichzeitig zu einer Identität, die eine Identifikation mit Autoritäten zum Inhalt hat. Solche Menschen können keine wahrhaft eigene Identität entwickeln; ihre »falsche« Identität ist nur Simulation, die auf einer Übernahme dessen beruht, was ihnen von der autoritären Erziehungsperson vorgegeben wird. Identität ist hier ein Komplex von Verhaltensregeln sowie einem grundlegenden Haß, den jede Unterwerfung mit sich bringt. Dieser Haß kann sich jedoch niemals gegen den wirklichen Aggressor richten, da dieser jede Aggression zerschlägt. Übrig bleibt die Bereitschaft, diesen Haß nach außen zu projizieren, auf Feinde, die das verworfene und verbotene Eigene repräsentieren.

So entwickelt sich eine Persönlichkeitsstruktur, die keine eigene Identität als Kern hat, aber voll destruktiver Gewalt steckt. Winnicott bezeichnete solche Menschen als »anti-sozial«, als Personen, die »ungesund und unreif« sind, da ihre Identifikation mit dem Aggressor eine Selbst-Entdeckung verhindert (was ich als »Person ohne eigene Identität« beschrieben habe). Es sind Menschen ohne Sinn für den Rahmen unserer Existenz, ohne Gefühl und Bild für unser Menschsein, sie erkennen die Form des Menschen, haben aber kein Erleben seiner wahren Gefühle. Nach Winnicott resultiert daraus eine Vermassungstendenz, die sich gegen die Individualität des einzelnen richtet. »Anti-sozial« im Sinne von Winnicott ist gleichbedeutend mit einer antidemokratischen Haltung, die ihre Wurzeln im tiefsten Innern hat. Bei solchen Menschen finden wir eine Fehlentwicklung von

Menschlichkeit, da sie nicht die Chance hatten, das innere Potential menschlicher Möglichkeiten inklusive der eigenen Identität zu entfalten. Es wurde ihnen unmöglich gemacht, sich auf der Grundlage jener empathischen Fähigkeiten vollständig zu entwickeln, die wahre Menschlichkeit und eine aus erlebter Freude und erlebtem Leid geborene innere Kraft erst entstehen lassen. Es geht doch nicht um jene mythische Kraft, die auf Heldentaten basiert, die beweisen sollen, man sei nicht schwach, fühle sich nicht hilflos und hege nie Zweifel! Der Heldenmythos hat ja gerade seinen Ursprung in der ständigen Angst, zu versagen und schon bei nächster Gelegenheit seine Heldenhaftigkeit — die erfolgreiche Position — zu verlieren. Man muß immer oben sein, weil im Innern die Unsicherheit über die wirkliche eigene Kraft nagt, denn der Zweifel am Selbst ist durch die Erziehung tief eingegraben. Nur so wurde man der Autorität hörig, denn nur sie bestimmte den eigenen Wert.

Ganz anders ist es, wenn ein Kind von Anfang an seine eigenen Wahrnehmungen, seine eigenen Bedürfnisse zum Kern seines Selbst machen kann. Für solche Menschen ist das Neue nie bedrohlich. Im Gegenteil: Wie Studien des kanadischen Tierpsychologen Berlyne[27] und des

Amerikaners Schneirla[28] gezeigt haben, erfreuen sie sich an der Entfaltung von Lebendigkeit, an Erneuerungen. Statt Angst zeigen sie Neugier, wenn sie mit Veränderungen konfrontiert sind. Menschen, deren Kindheit durch Angst vor Bestrafung, Terror und die Verachtung für ihr Eigenes geprägt war, ziehen sich dagegen zurück, wenn sie auf etwas Unbekanntes, etwas »Fremdes« treffen. Da sie alles Neue als eine Gefahr erleben, entwickeln sie aggressive und gewalttätige Verhaltensformen. Die Welt ist für sie nicht nur bedrohlich, sie empfinden sie auch als ständig lauernde Gefahr, gegen die man sich zur Wehr setzen muß.

Die Forschungsarbeiten von Frantz,[29] Berlyne und Schneirla zeigen, daß Kinder, die aktive Zuwendung erlebt haben und Reize selbst selektieren konnten, die Erforschung ihrer Umwelt ausdehnen, um für sich neue Quellen der Stimulation zu entdecken. Ein kontinuierliches Versorgtsein mit Reizen wird so zur Voraussetzung für Entwicklung und Fortbestehen eines lebendigen Daseins. Wenn Vermeidungs- und Abwehrreaktionen die Sozialisation eines Kindes bestimmen, kommt es zu einer ganz anderen Entwicklung. Politiker, auch Psychologen, die davon sprechen, Destruktivität und Feindseligkeit lägen nun mal in der menschlichen Natur, verhindern eine differenzierte Sicht der wirklichen menschlichen Entwicklung. Sie wollen in Wahrheit nicht sehen, daß Gewalttätigkeit in einem komplexen Entwicklungsprozeß entsteht, der niemals einen sozial integrierten, demokratischen Menschen hervorbringen kann.

Auch Klaus Wahl, Wissenschaftler am Deutschen Jugendinstitut in München, geht davon aus, daß die Wurzeln des Hasses bis in die frühe Kindheit zurückreichen.[30] Er stellte fest, auffällig aggressive Jugendliche hätten schon als Kinder eine ausgeprägte Scheu vor unbekannten Menschen. Ihr Differenzierungsvermögen zwischen dem, was ungefährlich, und dem, was bedrohlich sein könnte, ist nur schwach ausgeprägt. Solche Kinder, bzw. Jugendliche, sind immer schnell bereit, Auffälligkeiten als Bedrohung einzustufen. Es sind Kinder, die durch eine Erziehung, die sich nicht an ihren Bedürfnissen orientierte und ihren eigenen Ansätzen keine Beachtung schenkte, ständigem Streß ausgesetzt waren. Solche Kinder entwickeln ein anomal hohes Niveau des Streß-Hormons Cortisol.[31] Streß entsteht, wenn Eltern zum Beispiel nicht auf das Leid des Kindes eingehen, das ja sein Signal an die Eltern ist, daß diese etwas nicht richtig machen. Eltern, die das von ihnen verursachte Leiden des Kindes nicht erkennen, weil sie davon überzeugt sind, nichts falsch machen zu können, erzeugen damit einen Schmerz, der von dem Kind nicht wahrgenommen werden darf. Was nicht heißt, das Kind empfinde den Schmerz nicht, vielmehr muß es dessen Wahrnehmung unterdrücken. Solche Menschen werden ihr Leben lang versuchen, diesen verlorengegangenen, verleugneten Schmerz zu finden, indem sie anderen Gewalt antun, indem manche sogar peinigen und morden. Das Ergebnis sind Menschen ohne eigene Identität, die jedoch in dem Glauben leben, eine solche Identität zu besitzen, weil sie Gehorsam mit freien Entscheidungen verwechseln.

Sie sind, wie Wole Soyinka es in seinem Buch »Die Last des Erinnerns« beschreibt, nie Herr ihrer Existenz gewesen, sie haben nie ihr eigenes Schicksal bestimmt.[32] Sie sind Sklaven, die ständig Bücklinge machen, sagt Soyinka, da ihr Selbst unsichtbar geworden ist. Dabei halten sie sich selbst für unverwundbar, weil sie andere erniedrigen, beherrschen, peinigen und zerstören können. Sie haben, um Balints Terminologie zu gebrauchen, einen »basic fault«,[33] einen grundsätzlichen Defekt ihres Charakters, weil sie kein eigenes Inneres entwickeln konnten. Dadurch fühlen sie sich permanent von der Auflösung ihres Selbst bedroht. Nur durch die Projektion ihres Hasses und ihrer gewaltigen Aggression auf andere können sie sich als eine persönliche Einheit, als aufrecht gehend erleben.[34]

Diese psychische Entwicklung geht mit somatischen Prozessen einher. Nicht nur, daß sich das hormonale System durch die Nichtanerkennung ihres Selbst in einem ständigen Streßzustand befindet. Der Streß, der durch nicht erwiderte Bedürfnisse verursacht wird, führt auch zu einer generellen Dysregulation des Nervensystems. Martha Welch vom Neurophysiological Laboratory der Columbia University Medical School beschreibt, wie diese physiologische Fehlregulation Hilflosigkeit auslöst und dadurch den Streß weiter erhöht, was in der Folge zu Wut und Aggression führt. Es ist die Mischung aus Wut und Hilflosigkeit, die Sadismus und Bösartigkeit bewirkt.[35]

Bei diesem Vorgang spielt die Verleugnung des Schmerzes, der den Kindern zugefügt wird, eine zentrale Rolle. Der wirkliche Schmerz, der um die aktuelle Trauer des ihm zugefügten Leids kreist, wird durch das Kind verneint, da es ja die Eltern mit Schuld konfrontieren würde. Dagegen lernen solche Kinder früh, einen Schmerz zu heucheln. Es geht dabei nicht um wirklichen Schmerz, wirkliche Trauer über ihre mißliche Situation. Vielmehr inszenieren sie sentimentale Wehwehchen wie Beleidigtsein, ein Leiden also, das von den Eltern schnell »weggezaubert« werden kann und diesen die Gelegenheit gibt, sich wichtig und als gute Eltern zu fühlen. So verfestigt sich Selbstmitleid als verdeckte Aggression, die nach außen hin projiziert wird. Von Trauer und Minderwertigkeitsgefühlen erfüllt, kommen sich solche Menschen wertlos vor, was ihre projektive Destruktivität nur noch verstärkt. Durch das Ausagieren ihrer Aggressionen fühlen sie sich dann unverwundbar und deshalb stark.

Eine Sozialarbeiterin[36] erzählte mir von einem sadistischen Klienten, der immer wenn er davon erzählte, wie er Frauen quälte, ein verzerrtes höhnische Grinsen zeigte. Erst wenn er derart grinste, war er in der Lage, etwas von seiner eigenen Not in einer von Gewalt geprägten Kindheit zu spüren. Erst wenn er auf diese Weise seine eigene Traumatisierung wiedererlebte, hörte sein Grinsen — noch nicht sein Sadismus — auf. Dieser Mann offenbart, was in jedem gewalttätigen Rechtsradikalen vor sich geht: Er muß andern Schmerz zufügen, um sich selbst zu spüren, und dann die Schmerzen im anderen bestrafen, so wie einst die eigenen Schmerzen bestraft wurden. Im Grunde handelt es sich um ein Weitergeben der eigenen Erfahrungen. Man demütigt andere und macht sie − so der Wunsch − zu jenem Sklaven, der man selbst ist, den man aber verleugnen muß.

Wir leben − Gott sei Dank nicht alle im selben Ausmaß − in einer Kultur, die den einzelnen zu einem Bestreben antreibt, die Welt zu kontrollieren, um so die Verunsicherung, die uns alle für dieses Streben empfänglich macht, zu verneinen und um statt dessen ständig unsere Unverwundbarkeit unter Beweis zu stellen. Auf diese Weise verleugnen und verschleiern wir die Tatsache unseres erlebten Schmerzes. Nur wenn wir dies auch für uns selbst erkennen, können wir den Rechtsradikalismus verstehen und ihm entgegenwirken. Gehorsam ist Antrieb für uns alle, weil jeder, in unterschiedlichem Ausmaß, das elterliche Diktat erlebt hat: Wir bestrafen dich nur, weil es zu deinem Besten ist. Auf diese Weise haben wir alle etwas von der Entfremdung erfahren, die durch einen Gehorsam erzeugt wird, der uns dieser Ideologie aussetzt. Wir müssen diese Gemeinsamkeit erkennen, aber auch das Ausmaß an Freiheit, das wir entwickeln konnten, weil unsere Eltern zumindest teilweise unseren Bedürfnissen entgegenkommen konnten. Nur so werden wir in der Lage sein, Gewalt im allgemeinen und die des Rechtsextremismus im besonderen zu bekämpfen. Wir müssen auch erkennen, daß es in unserer Kultur völlig normal ist, daß Menschen sich von ihrem eigenen Selbst entfremden und keine wirkliche, auf eigenen inneren Wahrnehmungen und Bedürfnissen beruhende Identität aufbauen können. Das heißt: Es gibt eine große Anzahl von Menschen, die zwar nicht so brutal sind wie Rechtsradikale und auch ihr Selbst nicht durch Gewalt definieren müssen, die diesen dennoch in ihrer Persönlichkeitsstruktur ähnlich sind und sich leicht in ihren Ängsten anstacheln lassen, jedenfalls genug, um durch Schweigen passive Unterstützung zu gewähren.

Den rechtsradikalen Gewalttätern und ihren stillen Komplizen gemeinsam ist die Tendenz, Mitleid für sich selbst und nicht für die Opfer zu empfinden. Darin liegt der entscheidende Unterschied zwischen denen, die nach rechts tendieren, und anderen, die nicht empfänglich sind für rechte Parolen. Hier wird deutlich, wahre

Identität basiert immer auf empathischem Erleben. Wenn dagegen die Sozialisation Identifikation zur Grundlage der Identitätsentwicklung macht, muß die so entstandene Identität immer hinterfragt werden. Nicht jede auf Identifikation beruhende Identität muß zwangsläufig zu Unmenschlichkeit und Rechtsradikalismus führen. Entscheidend ist aber: Kein Kind, dessen empathische Fähigkeiten zum Fremden gemacht wurden, kann innere Stärke entwickeln. Eine Identität, die auf innerer Stärke aufbaut, setzt die Erfahrung wirklicher Liebe voraus. Da unsere Kultur jedoch eine Stärke fördert, die sich an der Identifikation mit Männlichkeitsbildern ohne Mitgefühl orientiert, wird Liebe selbst zu einer verzerrten Ideologie — wir suchen eine Stärke, die auf Rollenklischees basiert und nicht auf Mitgefühl. Der Erfolg des Nationalsozialismus und seiner Mordprogramme zeigt, ein ganzes Volk kann auf diese Weise geprägt sein. Sein Gelingen war sozusagen vorprogrammiert, weil die gesamte Kultur von Gehorsam bestimmt war.

Selbstverständlich waren nicht alle Deutschen aktiv beteiligt. Der amerikanische Historiker C. R. Browning zeigte in seiner Studie über das Hamburger Polizeibataillon 101, das zur »Endlösung« nach Polen kommandiert war, daß die meisten Mitglieder sich eher passiv verhielten.[37] Sie waren jedoch nicht in der Lage, sich dem Tötungsauftrag zu entziehen, obwohl ihr Kommandant ihnen offiziell diese Möglichkeit offenließ.

Menschen, die den Gehorsam verweigerten, gab es immer. Wie Judith Lewis Herman nachgewiesen hat, befanden sich auch unter den Soldaten des Vietnamkrieges immer solche, die beim Morden nicht mitmachten.[38] Herman belegt, in welchem Maße die Fähigkeit zur Empathie Menschen eine Art Immunität gegen das Unmenschliche verleiht. Das ist es, was wahre eigene Identität bedeutet.

Fassen wir zusammen: Rechtsradikalen fehlt eine eigene Identität. Was aussieht wie eine Identität, besteht in Wahrheit aus Identifikationen mit Autoritätspersonen, Gehorsam und entsprechenden Rollenklischees männlichen Heldentums. All dies kreist um ein Selbst, das möglichst weit entfernt ist vom wahren eigenen Selbst, das sich minderwertig fühlt und durch ein Gehabe von männlicher Stärke aus dem Bewußtsein ferngehalten wird.

So fällt es oft schwer, den Männlichkeitsmythos zu durchschauen und dahinter die Nicht-

Identität zu erkennen. Jeder, der in dieser Kultur aufgewachsen ist, wurde mehr oder weniger durch diese Ideologie geprägt. Antill und Cunningham stellten bei Studien mit amerikanischen College-Studenten fest, Tatkraft, Macht und Erfolg stellten die wesentliche Grundlage des Selbstwertgefühls dar, Werte also, die allgemein als männlich geschätzt werden.[39] Als »weiblich« eingestufte Merkmale wie Mütterlichkeit, Empathie und Entgegenkommen bei Schmerz und Leid spielten für die Selbstachtung der männlichen Untersuchungsteilnehmer keine Rolle. Bei den Befragten weiblichen Geschlechts ergab sich sogar eine negative Bedeutung für diese weiblichen Merkmale. Dies deutet darauf hin, daß die meisten Mitglieder dieser ehrgeizigen und auf Erfolg ausgerichteten Gruppe der College-Studenten Mitgefühl nicht als eigenen Wert schätzten. Sie hätten also auch einer Ideologie, wie sie von den Nazis vertreten wird, nicht wirksam entgegentreten können.

Die Gefahr, die von solchen Menschen ausgeht, ist nicht nur hypothetisch. Das zeigen nicht nur die Ergebnisse der Studie der Friedrich-Ebert-Stiftung für Deutschland. In den USA, dem angeblichen »Mutterland der Demokratie«, ist es nicht anders. In dem Buch »Die

Welle« schildert Morton Rhue einen Unterrichtsversuch an der High School von Palo Alto im Jahr 1969, in dessen Verlauf sich die Schüler völlig einer Autorität und Disziplin unterwarfen und freiwillig ihre Eigeninitiative und ihren eigenen Willen aufgaben.[40] Sie ergaben sich in ein soziales Klima, das dem des Nazistaates entsprach, wobei sie sich trotz ihrer eigenen Versklavung gegenüber unterdrückten Mitschülern als Übermenschen fühlten. Nur wenige machten nicht mit.

Dieses Forschungsergebnis zeigt, wie faschistische Ideologien demokratische Werte unterlaufen, und zwar vor allem bei solchen Menschen, die keine innere Immunität gegen solche Gedanken entwickeln konnten, sondern im Gegenteil durch eine kulturelle Ideologie des Erfolgs von ihren eigenen empathischen Werten getrennt wurden und deshalb anfällig sind für eine Art des Denkens, die zum Rechtsextremismus führt. Wie schon die Arbeiten von Dicks deutlich gemacht haben, verfügen auch konformistische Menschen, die Gewalt zunächst nicht als Lösung von Problemen betrachten, nicht über die innere Kraft, um dem Druck mitzumachen zu widerstehen. Die Untersuchungen von Herman mit Vietnamveteranen zeigten, was

»immun« macht gegen den Bazillus des Rechtsextremismus: Es ist die Fähigkeit zur Empathie,
das heißt das frühe kindliche Erlebnis von Entgegenkommen und Liebe. Diese Fähigkeit, die
in unserem Kulturkreis vielleicht nur ein Drittel
der Bevölkerung entwickelt, schützt und sichert
ein Überleben der Demokratie. Das ist es, was
auch Winnicott sagt und auf was die Daten der
verschiedensten Studien hinweisen.[41]

Die Prägung durch die elterliche Pose als Identitätsformation

Die Identifikation mit dem Aggressor ist für das
Kleinkind eine Identifikation mit der elterlichen
Übermacht. Aber was ist das für ein Mensch, der
Macht ausübt, um ein Kind zu beherrschen und
zu demütigen; der sich durch die Lebendigkeit,
die Neugier und die Entdeckungsgabe eines
Kindes so sehr in Frage gestellt fühlt, daß er sie
mit Gewalt heruntermachen muß? Es kann nur
ein Mensch sein, der sich zutiefst unsicher, minderwertig und unzulänglich fühlt, dies aber
nicht zulassen kann. Solche Menschen kom-
pensieren derartige Gefühle, indem sie sich in
die Pose der Kraft, der Entschiedenheit und des

unnachgiebigen Willens werfen. Dem eigenen Kind gegenüber ist es besonders leicht, diese Pose zu demonstrieren. In bezug auf die Identifikation bedeutet dies jedoch: Das Kind identifiziert sich nicht mit der Wirklichkeit der Eltern, sondern mit deren Pose. Gleichzeitig erkennt jedes Kind die tieferen Schwächegefühle der Eltern, da es diese ja empathisch miterlebt. Es darf sie jedoch nicht wahrnehmen. Diese Schwächegefühle der Eltern werden zum Bestandteil des inneren Fremden, der von sich gewiesen werden muß. Dieser Vorgang führt dazu, daß sich das Kind auf die Pose der Autorität fokussiert, es identifiziert sich mit dieser und wird fortan in seinem Leben nicht die Wirklichkeit eines Menschen suchen, sondern die Pose. Helen Bluvol[42] und Ann Roskam[43] wiesen in Studien (beide 1972) nach, daß Jugendliche, die sich mit Autoritätsfiguren identifizieren, ihre Eltern nicht als wirkliche Menschen mit positiven und negativen Seiten erkennen konnten, sondern von ihnen nur idealisierte Bilder hatten. Das heißt: Sie identifizierten sich mit ihnen als Pose.

Höhere Lebewesen fokussieren sich bereits bei der Geburt auf ihre Mutter. Man nennt diesen Vorgang »Prägung«. T. C. Schneirla zum

Beispiel berichtete von dem australischen »Tracer Sheep«, das seine Mutter für keinen Moment aus den Augen läßt.[44] Es entfernt sich nur so weit, wie es diese sehen kann. Wenn die Mutter stirbt, umkreist das Jungtier den Kadaver selbst dann noch, wenn er verwest ist und nur ein Haufen Gebeine übrigbleibt. Schließlich wendet sich das Schaf einem Stein, Felsen oder Hügel zu, der die Funktion des visuellen Mittelpunktes der Mutter übernimmt und zum Zentrum seines Lebensraumes wird. Menschen werden, sozusagen in Analogie, auch auf das Bild von Mutter und Vater geprägt. Diese Prägung jedoch geschieht auf zwei Ebenen — der der wirklichen Eltern und der der idealisierten. Die »Idealisierung« und ihr Ausmaß sind abhängig von dem Ausmaß des Terrors, der zur Identifikation mit dem Aggressor führte.

Doch wie auch immer der Terror aussieht, dem ein Kind ausgesetzt ist, seine Identifizierung erfolgt stets mit dem Bild, das die Eltern nach außen hin von sich geben. Dieses stimmt jedoch nicht überein mit den inneren Zweifeln, die sie durch Gewalttätigkeit als vermeintliche »Stärke« ausagieren. Kinder werden in einem solchen Prozeß deshalb auf Posen und nicht auf die innere Wirklichkeit der Eltern festgelegt.

Das macht es natürlich für jene, die ihre eigene Pose als Wirklichkeit ausgeben (und dabei auch noch wahre Macht ausüben können), einfach, ein Gefolge zu erobern. Wir werden durch unsere Sozialisation geradezu zur Gefolgschaft programmiert. Aus diesem Grund wirken auch »Führer«, die sich in die Pose der Kraft, Entschiedenheit und Sicherheit werfen, immer so überzeugend. Wenn sie zudem noch Feindbilder predigen und so eine Legitimation liefern, Haß auszuagieren, ist ihnen der Erfolg fast sicher. Es geht dabei nicht um Ideologien, sondern um die frühe Prägung von Menschen auf das Posieren ihrer Eltern, um die Verneinung der Wirklichkeit ihrer Schwäche, deren Erkennen das Kind in Gefahr gebracht hätte. Deshalb reagieren solche Führer und ihre Anhänger auch so wütend, wenn sie auf Schwächen aufmerksam gemacht werden. Deren Wahrnehmung bedroht sie in ihrem tiefsten Inneren.

Hitler zum Beispiel, in Wahrheit ein entscheidungsunfähiger und schwacher Mensch, symbolisierte nach außen einen starken Willen und den Glauben an sich selbst. Sein Verhalten erlaubte Menschen, die auf das Posieren geprägt waren, sich mit dieser Pose zu identifizieren und sich dadurch stark zu fühlen. Sie konnten so ih-

rer inneren Leere und ihren Minderwertigkeitsgefühlen entkommen. Hitlers Inszenierung von
Machtspektakeln ermöglichte es solchen Menschen, sich durch Teilnahme an diesen gigantischen Aufmärschen eine imaginäre Kraft ein-
zuverleiben. Die Bereitschaft, sich zu ergeben
und einer Autorität auszuliefern, ist bei solchen
Menschen ungeheuer groß, da sie nicht die Kraft
haben, sich selbst in einem Prozeß der Selbstfin-
dung »Erlösung« zu erarbeiten. Diese Sucht
nach Stärke, nach einem Erlöser, durchdringt
alle Lebensbereiche. Sie ist allerdings nicht immer offensichtlich, da wir ja oft sehr geübt darin sind, uns selbst die Pose des eigenständigen,
zuversichtlichen und autonomen Menschen zu
geben. Man braucht sich nur in der Politik und
den Führungsetagen der Unternehmen um-
zusehen, um einen Eindruck von der Über-
zeugungskraft solcher Selbst-Darsteller zu bekommen. Ein guter Poseur weiß, wie er seinen
wahren Charakter am besten überspielt. Dabei
verachten die »Führer« die Masse für ihre Erge-
benheit und Unterwürfigkeit. Das geht auch aus
Hitlers Schriften und Bemerkungen hervor. Er
sah das Volk als weibisch an, gutgläubig und bereit, einem Führer zu folgen. Die Unterwerfung
unter Autoritäten ist auch heute noch allgemein

üblich in Politik, Wirtschaft und den wissenschaftlichen Bereichen. Ihre Allgegenwärtigkeit wirft ein Licht auf das Ausmaß des Terrors, den Kinder in unserer Kultur erleben, was eingehend im Kapitel »Das Posieren« in meinem Buch »Der Fremde in uns« geschildert wird (S. 130–136).

2 Linker Radikalismus

Linke Gewalt

Bei der Beschäftigung mit der allgemeinen Gewalttätigkeit in unserer Gesellschaft und der
Gewalttätigkeit von Rechtsradikalen im Spe-
ziellen müssen wir natürlich auch die Gewalt
der Menschen betrachten, die gegen Mißstände rebellieren. Wie unterscheidet sich diese
»linke« Gewalt von der rechten Gewalt, gibt es
vergleichbare oder ganz andere Beweggründe?
Diese Frage ist auch relevant, wenn man den
Rechtsradikalismus umfassend beurteilen und
geeignete Gegenmaßnahmen deutlich machen
will.

Gewalt ist Gewalt, lautet die allgemein übliche Meinung. Bei dieser herkömmlichen Be-
trachtungsweise werden die beiden Gewaltfor-
men nicht differenziert untersucht. Das hängt
möglicherweise damit zusammen, daß viele Politiker der rechtsextremen Gewalt zu nahe stehen, um die Differenzen zu sehen. Das Erken-

nen der Verschiedenartigkeit rechter und linker Gewalt ist aber Voraussetzung für deren wirksame Bekämpfung. Nur wer die unterschiedlichen Prozesse versteht, die den beiden Aggressionsformen zugrunde liegen, kann angemessene Vorgehensweisen dagegen entwickeln.

Der Neonazi ist im Grunde ein Konformist, der autoritäre Strukturen wiederherstellen möchte, um sich wohl und nicht bedroht zu fühlen. Der politische Rebell dagegen lehnt den Konformismus ab. Er scheint einen Weg zum Menschlichen zu suchen, er betont aber sein Anderssein, vor allem, um nicht angepaßt zu erscheinen. Dieses Streben nach dem Anderssein ist der Boden, auf dem sich auch Gewalttätigkeit entwickeln kann.

Henry Miller, selbst ein großer Rebell, schrieb in seiner Rimbaud-Studie »Vom großen Aufstand«, alles Rebellische sei von der Suche nach einer Verbindung mit der Menschlichkeit geprägt.[45] Der Drang, sich vom Konformisten abzugrenzen, führe jedoch dazu, daß alle Facetten des eigenen Andersseins fortwährend ausgespielt werden müßten. So gerät der Rebell in eine Falle — er kann nicht aufhören, ständig neuen Grund zur Klage und damit neuen Grund zur Rebellion zu finden. Diese Art der Freiheitssuche, so hat Miller ganz richtig erkannt, nimmt sich ständig selbst zum Maßstab und ignoriert die Unterschiede zwischen den Menschen. »Sie wird niemals dazu beitragen, daß man seine Verbindung, seinen Zusammenhang mit der gesamten Menschheit herausfindet. Man bleibt für immer abgesondert, für immer isoliert.«

Miller kam zu einer großen Einsicht: »All das hat für mich nur eine einzige Bedeutung: daß man noch an die Mutter gebunden ist. Die ganze Rebellion sollte nur Sand in die Augen streuen, sie stellte den verzweifelten Versuch dar, diese Bindung zu verbergen. Menschen dieses Schlages sind stets gegen ihr Heimatland eingestellt; es ist ihnen unmöglich, anders zu handeln. Versklavung ist das große Schreckgespenst, mag es nun dabei um das Land, die Kirche oder die Gesellschaft gehen. Sie verbringen ihr Leben damit, Fesseln zu sprengen, aber die geheime Bindung zehrt sie innerlich auf und läßt ihnen keine Ruhe. Sie müssen mit der Mutter ins reine kommen, bevor sie sich vom Alpdruck der Fesseln befreien können. ›Draußen, für immer draußen. So sitzen wir auf der Türschwelle des Mutterschoßes.‹ ... Kein Wunder, daß man der Mutter entfremdet ist. Man nimmt sie lediglich als Hindernis wahr. Man braucht den Trost und die Sicherheit ihres Schoßes, jene Dunkelheit und Behaglichkeit, die für den Ungeborenen den Ersatz für die Erleuchtung und Bejahung des wahrhaft Geborenen darstellt ... Man mag als großer Rebell gefeiert werden, aber man wird niemals Liebe begegnen. Und der Rebell muß mehr als jeder andere die Liebe erkennen, sie schenken, mehr noch als sie empfangen, und sogar noch mehr Liebe sein, als sie zu schenken.«

Miller fährt fort: »Er ist im Innersten Verräter, weil er fürchtet, das Menschliche in ihm könne ihn mit seinen Mitmenschen vereinigen ...« Damit bringt Miller es auf den Punkt: Im Rebellen lauert die Angst vor der Mutter, die ihn aufsaugen, ihn gebrauchen und ausnutzen könnte. Das macht ihn zum Gegenpol des konformistischen Neonazi, der Lippenbekenntnisse zu seiner Mutter abgibt, aber gleichzeitig alles Weibliche haßt.

Der Rebell verschließt sich den Gefühlen, weil er die Liebe fürchtet, die er sucht. Der Neonazi dagegen haßt die Liebe, weil sie ihm vorenthalten wurde und weil er sich nie von der Mutter geliebt fühlte. Beide sind von der Liebe abgeschnitten, und beide vermeiden sie. Der linke Terrorist Bommi Baumann stieg aus der RAF-Szene aus, als er erkannte, daß der Terrorismus selbst eine Flucht vor dem Bedürfnis nach Liebe ist.[46]

Der Rebell behauptet, auf Liebe verzichten zu können. Der Neonazi gibt vor, daß sie ihm zuteil wurde. Beide aber sind nicht autonom: Der Rechtsradikale ist abhängig, weil er Belohnung für sein heldenhaftes Verhalten erwartet, der Rebell, der zwar nimmt, es aber nicht zugeben kann, weil es »nie genug ist«. Sie unterscheiden sich in einem wichtigen Punkt: Der Rebell drängt darauf, daß die Versprechungen der guten Mutter eingelöst werden, der Rechtsradikale dagegen beharrt darauf, daß ihm die schlechte Mutter Anerkennung entgegengebracht hat. Der Rebell will also nicht wahrhaben, daß die Verheißungen der als gut erlebten Mutter mit den Erfahrungen der als schlecht erlebten Mutter in Zusammenhang stehen.

Die Chance, Authentizität zu erleben, besteht dabei in der Rebellion, nicht in der Anpassung. Deshalb sind die Versprechungen der Rebellen so verführerisch (denn sie verheißen eine Welt voller Liebe). Die Suche nach der guten Mutter beinhaltet gleichzeitig die Sehnsucht nach einer liebenden Verbindung mit der Menschheit. Doch wie kann der Rebell zu dieser Verbindung vordringen, wenn er, genauso wie der Rechtsradikale, von seinen Gefühlen abgeschnitten ist? Beide sind in ihren Gefühlen verletzt worden, beide geben Gefühle auf — mit einem entscheidenden Unterschied: Der Neonazi verleugnet seinen Gefühlsverlust, indem er das Schlechte, das er in der Liebe erlebt hat, zum Guten erklärt.

Der Rechtsradikale und der linke Rebell

Für die Praxis bedeutet dies: Mit einem Neonazi muß anders umgegangen werden als mit einem linken Rebellen. Bei dem Rechten geht es um eine Restrukturierung seiner Identität. Er ist mit dem Aggressor identifiziert und haßt das menschliche Selbst, das er hätte sein können. Bei dem Rebellen dagegen gibt es nicht das Problem, daß Identifizierung zur Zerstörung seiner eigenen Identität geführt hat. Bei ihm geht es vielmehr um einen Kampf, in dem die falsche Liebe einer verwöhnenden Mutter immer wieder durch den Vorwurf »Ihr habt nicht genug für mich getan, deshalb zählt das Wenige nichts« bestätigt wird.

Ich möchte an einem Beispiel aus meiner Praxis erläutern, wie sich die Verletzung des Rebellen von der des Rechtsradikalen unterscheidet:

Paula kam im Sommer 1984 zu mir.[47] Sie war 19 Jahre alt, hatte das Gesicht einer Madonna und die Frisur einer Punkerin. Sie war »cool« und bezeichnete sich als revolutionär. Ihre Eltern waren erfolgreiche aristokratische Anwälte. Paula war sehr intelligent, strahlte aber keine Wärme aus, man spürte nur ihr ständiges, hartnäckiges Fordern. Sie lehnte den Staat ab, bestand aber darauf, von diesem unterstützt zu werden. Mit ihrer scharfen Intelligenz konnte sie Menschen derart für sich einnehmen, daß ein Ehepaar, das sie im Auto mitgenommen hatte, ihr sogar den Schlüssel zu ihrem Wochenendhaus überließ. Doch als sie mir gegenübersaß, konnte sie nur abfällig über diese Leute reden. Es war ihr unmöglich, dankbar zu sein, sie wollte sich nicht »verpflichtet« fühlen. Gefühle empfand sie als Falle. Sich auf Gefühle einzulassen hieß, den Erwartungen der Autorität entsprechen zu müssen.

Hier lag ihre geheime Verletzung, die darin bestand, daß ihre Eltern ihre Liebe erkaufen wollten. Dagegen wehrte sie sich, indem sie keine Gefühle an sich herankommen ließ. So konnte ihr niemand mehr weh tun. Sie blieb unverletzt. Im Laufe unserer Gespräche wurde deutlich: Ihre Eltern hatten sie wie ein Aushängeschild benutzt, sozusagen als ihr Markenzeichen. Sie liebten Paula, damit diese ihr Elternimage bestätigte. Aber sie liebten sie nicht um ihrer selbst willen. Sie gaben Paula alles, aber nur, um sie als ihr Eigentum gefügig zu machen.

Mit anderen Worten: Sie verwöhnten ihre Tochter. In unserer Kultur wird meist nicht erkannt, was dem Kind mit diesem Beziehungsmuster angetan wird. Im Gegenteil, es wird oft als Liebe mißverstanden. Solche Kinder leben in einer zersplitterten Welt. Einerseits sagt man ihnen, ihre Eltern liebten sie außerordentlich und würden jeden Wunsch erfüllen. Tatsächlich erfahren sie jedoch ein Besitzergreifen, eine Art von Gewalt, die sich als Liebe ausgibt. Ein Kind kann sich gegen die Schuld nicht wehren, die ihm diese zwiespältige Situation auferlegt. Es spürt einerseits, daß die Eltern sich als liebend erleben, fühlt sich aber in seinen wirklichen Bedürfnissen mißachtet, die ihre Eltern im Bemühen, »gute Eltern« zu sein, gar nicht erkennen. Wirklich zu lieben heißt eben nicht, verwöhnend alle kindlichen Wünsche zu befriedigen. Elterliche Liebe bedeutet vielmehr, einfühlsam auf die Nöte des Kindes einzugehen, sein Leid und seine Verletzungen ernst zu nehmen. Käufliche Objekte sind dafür kein Ersatz.

Die Trauer und die Wut, die ein Kind in einer solchen Situation empfindet, sind Quellen eines tiefen Schuldgefühls. Solche Kinder erliegen zwar den Verlockungen des »Gekauftwerdens«, dieses zementiert jedoch eine Abhängigkeit von den Eltern. Sie retten sich aus dieser Situation, indem sie nichts fühlen, indem sie sich in Abstraktionen flüchten, die sie von ihren Gefühlen trennen. Die Wut auf die Abhängigkeit, die das Verwöhntsein hervorbringt, äußert sich dagegen in einem unnachgiebigen Fordern. Der Vorwurf »Ihr gebt mir nicht genug bzw. das Falsche« wird so zum Ausdruck einer Rache, die weder von den Eltern noch den Kindern erkannt wird. Die Eltern fühlen sich erpreßt, geben aber immer mehr, weil Verwöhnen ja ihre Art zu »lieben« ist. Die Kinder wiederum brauchen nicht dankbar zu sein, um ihre verleugnete Abhängigkeit nicht zu spüren. Dadurch spiegeln sie etwas auf einer völlig unbewußten Ebene wider: Sie haben sich in umgekehrter Weise den Eltern unterworfen, denn diese gaben ihnen zu verstehen: »Wir versorgen dich. Dafür erwarten wir, daß du so bist, wie wir dich wünschen, als Zeichen, daß du uns liebst, und um uns Schmerzen zu ersparen.« Entsprechend abhängig bleiben solche Kinder. Um aber mit der kränkenden Tatsache ihrer Abhängigkeit leben zu können, verweigern sie die Dankbarkeit.

Dies zieht eine weitere Verletzung nach sich: Solche Kinder dürfen ihr eigenes Bedürfnis nach Liebe nicht erkennen, denn das würde sie verwundbar machen. Auch der Konformist erlebt diese Verletzung. Angesichts seiner tatsächlichen Unterwerfung erweckt er jedoch den Anschein, im Einklang mit seinen wirklichen Gefühlen zu sein. Er spielt die Rolle des liebenden Menschen, ohne Liebe zu empfinden. Der Rebell hält seine Unverwundbarkeit aufrecht, indem er so tut, als hätte er kein Bedürfnis nach Liebe. Der Konformist dagegen lebt das Image eines liebenden Menschen. Dieser Unterschied erklärt, warum man dem Rebellen anders begegnen muß als dem gewalttätigen Konformisten. Ersterer verleugnet sein Bedürfnis nach Liebe, hat aber in der Beziehung zu seinen verwöhnenden Eltern etwas davon erfahren. Auch ist er nicht wirklich körperlichem Terror ausgesetzt gewesen, weshalb er seine kindliche Situation auch als weniger lebensbedrohlich und weniger gefahrvoll erlebt hat. Seine Rache besteht darin, alles zu wollen, weil er verwöhnt wurde. Seine Rache basiert auf dem, was er von den Eltern übernommen hat, daß nämlich verwöhnt werden Liebe bedeutet. So besteht er auf sofortiger Erfüllung seiner Wünsche und kann nicht warten.

Der Rechtsextreme dagegen will die Liebe selbst töten. Ihr gilt seine Rache, weil er in seinem Bedürfnis nach Liebe gedemütigt und geschändet wurde. Das Opfer seiner Gewalttätigkeit ist nicht nur Symbol seines Protestes, es hat auch eine ganz persönliche Bedeutung: Es verkörpert die gehaßte Schwäche in ihm selbst. Hier liegt der Unterschied zum Rebellen: Dieser tötet aus symbolischem Protest, das Opfer hat keine persönliche Relevanz. Seine Flucht vor den Gefühlen beruht auf einer Abspaltung der Gefühlswelt, weil diese ihn den besitzergreifenden Wünschen der Eltern aussetzt. Der konformistische Rechtsradikale dagegen hat sich die Gefühlswelt der Eltern, ihren Haß auf Gefühle und auf Liebesbedürfnisse zu eigen gemacht.

Aus diesem Grund kann man mit Rechtsradikalen nur autoritär umgehen, wenn man etwas bewirken will. Wie ich bereits beschrieben habe, sehen sie das selbst so. Wir wissen, nur das Nein von anderen veranlaßt sie zum Innehalten. Rechtsradikale Gewalt läßt sich durch starken Polizeieinsatz und sofortige Konsequenzen wie Inhaftierungen stoppen. Rebellen dagegen kann man auf diese Weise nicht aufhalten. Sie kämpfen schließlich gegen autoritäre Behandlung. Bestrafung verstärkt ihre Rebellion nur noch.

Politische Autoritäten sind, wie Heinrich Böll schon anläßlich der Beschlagnahmung von Bommi Baumanns Buch »Wie alles anfing« feststellte, nicht an solchen Erkenntnissen interessiert. Da ihr Denken über Gewalt durch eigene konformistische und autoritäre Erlebnisse geprägt ist, begreifen sie nicht, daß erfolgreiche Maßnahmen ein Verstehen der unterschiedlichen Ursprünge von Gewalt voraussetzen. Hinter ihrer Ignoranz steht immer eine Angst, nämlich daß Verstehen »Verweichlichung« bedeutet, die zu einer Unfähigkeit führen könnte, hart gegen Gewalt vorzugehen. Ein solches Bewußtsein wurzelt selbst in einer Erziehung, die Gewalttätigkeit begünstigt. Sie ist es, die tatsächlich unfähig macht, wirksam jene Gewalt zu bekämpfen, die wir alle fürchten.

Ein Erkennen der verschiedenen Quellen von Gewalt ist notwendige Voraussetzung für deren wirksame Bekämpfung. Menschen, die ihre Selbstachtung aus einer Identifikation mit Autorität beziehen, erleben eine Steigerung ihres Selbstwerts, wenn sie sich »richtig« verhalten, wenn sie »korrekt« den vorgegebenen Regeln entsprechen und ihre Rollen danach ausrichten.

Es geht ihnen letztlich immer darum, sich in Posen zu ergehen, wobei zum Beispiel die Pose des Liebens mit Liebe gleichgesetzt wird, obwohl keine entsprechenden Gefühle erlebt werden. So kann sich ein solcher Mensch selbst als liebende Person einschätzen und dabei gleichzeitig foltern und morden. Er kann andere ohne Gewissensbisse quälen und heruntermachen, um sich dabei erhaben und stark zu fühlen.

Der Selbstwert rechtsradikaler Gewalttäter erscheint stabil. Indem sie sich mit dem Heldenmythos faschistischer Ideologien identifizieren, halten sie ihr »Selbstwertgefühl« durch Gewalt und Verachtung anderer aufrecht, was ihnen die Identifizierung mit autoritären Machtstrukturen auferlegt. Linke Rebellen dagegen, die eine Identifikation mit Autoritäten bewußt ablehnen, erleben einen dauernden Zweifel am eigenen Selbstwert, weil sie ja auch die Bestätigung durch ihre Eltern zurückweisen. Aus diesem Grund müssen sie einen ständigen Kampf führen. Ihre Unterdrückung bewirkt deshalb nicht wie bei Rechtsradikalen ein Unterbinden von Gewalt, sie führt vielmehr zu einem andauernden, verstärkten Kampf.

Dies sind die wichtigsten Differenzen zwischen linker und rechter Gewalt. Für die Praxis

heißt das: Dem Linken muß Gelegenheit gegeben werden, seinen Selbstwert auf der Basis
konstruktiver Aktivitäten aufzubauen. Die Rechten dagegen müssen zunächst konsequent ge-
stoppt werden, bevor man sie dazu bringt, ihrem Selbstwert eine andere Grundlage zu geben. Sie müssen erst lernen: Liebe bedeutet
nicht Schwäche, Entgegenkommen ist nicht mit
Hilflossein gleichzusetzen.

Beide sind gewalttätig, beide haben Angst vor
Gefühlen und Liebe. Der Linke jedoch sucht —
wenn auch unbewußt — nach Liebe, während
der Rechte sie haßt. Beide kämpfen darum, nicht
berührt zu werden. Der Linke provoziert, um geliebt zu werden. Der Rechte dagegen verhindert
Berührung, indem er zwar Rituale der Kamerad-
schaft beschwört, wirkliches Mitgefühl jedoch
ablehnt. Wirkliches Mitgefühl erregt nur seine
Destruktivität. Während der Neonazi Stephan,
den ich auf Seite 33 f. beschreibe, menschliche
Wärme verachtet und tötet, erkennt das ehe-
malige RAF-Mitglied Peter Jürgen Boock den
Wahnsinn der Gewalttätigkeit.[48] Wer einmal den
ideologischen Konsens einer Gruppe akzeptiert,
verliert die Fähigkeit zum selbständigen Sprechen und Denken, zur eigenen Wahrnehmung.

Einsichten wie die von Boock und Bommi

Baumann können dazu beitragen, den linken Terrorismus in den Griff zu bekommen. Die Konformisten unter den Politikern — und konformistisches Denken ist Bestandteil jeder bürokratischen Organisation — haben jedoch kein Interesse am wirklichen Begreifen: Sie können keinen Gedanken zulassen, der auf andere Motive des Handelns verweist als die der Machterhaltung. So zerstört konformistisches Denken seine eigenen Möglichkeiten, da es menschliches Verhalten nur in Kategorien der Bestrafung und der Unterwerfung einordnen kann. Es kreist um Feindbilder. Deshalb darf der Feind auch nicht in seiner menschlichen Ganzheit gesehen werden. Die revolutionäre linke Denkweise hängt leider auch von Feindbildern ab. Beide, die Linken und die Rechten, brauchen den Feind als Rechtfertigung für ihre Gewalt. Die Biographien von Boock und Baumann zeigen jedoch den Weg, wie Linke davon abgebracht werden können. Zugleich müssen wir erkennen, daß es gewalttätige Linke gibt, für die Destruktivität — wie bei Rechtsradikalen — ein Eigenleben entwickelt hat. Ich gehe darauf ausführlicher in Kapitel 4 ein.

3 Empathie

Das Gegenmittel zum Unmenschlichen

Schutz und Stütze eines demokratischen Lebens sind Menschen, deren Identitätsstruktur sich auf der Grundlage empathischen Erlebens ausbilden konnte, die sich den Zugang zu ihren eigenen Wahrnehmungen, Bedürfnissen und Gefühlen bewahrt haben und deshalb gegen eine Abspaltung von Empfindungen wie Mitgefühl geschützt sind, die ihr eigenes Ich nicht verdrängen mußten und sich deshalb nicht in jenem abstrakten, emotionslosen Denken verlieren, das Gewalttätigkeit fördert und Projektionen begünstigt. Kurz: die nicht das Eigene hassen und als fremd interpretieren und in einem Feind bekämpfen müssen. Ihre Aufgabe liegt darin, sich bewußtzumachen, daß mindestens jeder Dritte in unserem kulturellen Umfeld verführbar ist durch den Rechtsextremismus, wobei diese Menschen jedoch noch genug empathische Erfahrungen gemacht haben, um darin gestärkt werden zu können. Unter solchen Bedingungen werden die verbleibenden 8 bis 14 Prozent, die am stärksten durch ihre Nicht-Identität belastet sind, an Einfluß verlieren. Wenn sie sich nicht mehr durch das Schweigen der »silent majority« unterstützt fühlen, wird ihre Verunsicherung wachsen, und sie werden sich aus Angst mehr zurückziehen.

Eine Patientin erzählt: »Ich kenne dieses ›Nicht-Position-Beziehen‹. Es ist etwas Uraltes ... Hinter unserem Haus stand ein anderes Haus, in dem eine alte Oma mit ihrer Enkelin Susan lebte. Beide standen mir nahe. Dann gab es noch eine andere Familie in der Nachbarschaft, die Tochter hieß Anita. Sie war schön und reich. Die Jungs waren hinter ihr her. Anita zog mich immer in ihre Streitereien mit Susan hinein. Sie wollte, daß ich Partei ergreife. Susan stand mir näher. Sie war warmherzig. Aber ich verriet sie, gab Anita recht. Ich fand nicht die Kraft, Anita zu sagen, daß ich Susan nett fand. Ich kam mir schäbig vor, weil Anita schöner war, reicher.« Das ist ein Beispiel für eine Person, die ihre empathischen Fähigkeiten nur zum Teil entwickeln konnte, sie aber nicht direkt verfügbar hatte, weil es ihr durch den Terror beider Elternteile unmöglich gemacht wurde. Was sie als Kind mit Anita erlebt hatte, wiederholte sich in ähnlicher Weise mit ihrem Vorgesetzten, der sie erniedrigte. Sie bemitleidete ihn, weil er trotz seiner Macht so »bedürftig« war. Obwohl sie immer wieder gegen Machtmißbrauch und Autorität ankämpfte, ordnete sie sich Menschen unter, die Macht und Stärke vorgaben. Auf der Basis von Mitleid für einen Täter wurde sie zur Sympathisantin jener, die verachtend Gewalt gegen andere ausüben. Diese im Mitleid mit dem Aggressor ausgedrückte Umkehr der Gefühle deutet aber auch darauf hin, daß empathische Fähigkeiten vorhanden sind. Die Patientin darf sie nur nicht für die Opfer empfinden, denn ihre Angst vor dem Täter hat sie dazu getrieben, sich mit diesem zu identifizieren.[49]

Anders ist es, wenn ein Mensch seine Identität auf der Basis von Mitgefühl aufbauen konnte. Die Geschichte von André zeigt, wie elterliche Liebe eine solche Entwicklung fördert.[50] Es war im Herbst 1938. André war zwölf Jahre alt und lebte mit den Eltern in einer norddeutschen Kleinstadt. Eines Abends kam er von einem Treffen der Hitlerjugend nach Hause. »Papa«, sagte er zu seinem Vater, »beim Treffen wurde uns gesagt, daß wir morgen Steine auf jüdische

Läden schmeißen sollen. Soll ich da mitmachen?« Sein Vater sah ihn nachdenklich an. »Ja, was glaubst denn du?« — »Ich weiß es nicht. Ich habe eigentlich nichts gegen die Juden — ich kenne sie ja kaum. Aber alle werden Steine werfen. Was soll ich denn nun tun?« Das Gespräch ging hin und her. Schließlich sagte André: »Ich habe verstanden. Du willst, daß ich die Entscheidung selber treffe. Ich will spazierengehen, und wenn ich zurückkomme, will ich dir sagen, wofür ich mich entschieden habe.« Nach kurzer Zeit kehrte André zurück zu dem Tisch, an dem die Eltern saßen. »Ich habe mich entschieden, aber meine Entscheidung hat auch etwas mit euch zu tun.« — »Was ist es denn?« — »Ich habe mich entschlossen, keine Steine auf jüdische Läden zu werfen, aber morgen werden alle sagen, André, der Sohn von X, hat nicht mitgemacht, er wollte keine Steine schmeißen! Und dann werden sie etwas gegen dich unternehmen. Was wirst du dann tun?«

Der Seufzer des Vaters drückte Erleichterung, aber auch Stolz aus: »Während du spazieren warst, haben deine Mutter und ich darüber gesprochen. Wir haben uns folgendes überlegt: Mit deiner Entscheidung, Steine zu werfen, würden wir leben müssen, denn immerhin haben wir dich ja gebeten, selbst zu entscheiden, was du tun willst. Aber falls du entscheiden solltest, keine Steine zu werfen, würden wir Deutschland verlassen.« Und das taten sie dann auch.

Die Verleugnung des Schmerzes

Es ist die schweigende Mehrheit, der wir uns vorrangig widmen müssen, jene 40 Prozent, die in Dicks' Studie die »Unpolitischen« darstellten. Sie sind nicht nur entscheidend, weil ihr Schweigen den Rechtsradikalismus stärkt und damit die Demokratie gefährdet. Diese Konformisten sind ja selbst in unterschiedlichem Ausmaß von ihrem Selbst abgetrennt und damit unterschwellig gewaltbereit. Anpassung beruht darauf, daß Aspekte des Eigenen entfremdet wurden. Das führt immer zu Aggressionen gegen sich selbst und der Möglichkeit, daß diese ausagiert werden. Zur Anpassung gehört deshalb stets ein Reservoir latenter Gewaltbereitschaft.

Das zeigt auch ein Beispiel aus Japan, einem Land, dessen Gesellschaftsstrukturen stark auf Konformität aufbauen. Hiroshi Kusunokie, ein Lehrer, ließ seine Schüler Aufsätze darüber schreiben, was sie tun würden, wenn sie nur noch fünf Tage zu leben hätten.[51] Ein Elfjähriger schrieb: »Am ersten Tag würde ich besonders gut essen. Am zweiten Tag würde ich in einen Spielsalon gehen und viel Geld verspielen. Am dritten Tag würde ich mir eine Pistole besorgen, am vierten eine Weltreise machen und am Waikiki-Strand von Hawaii baden. Am Tag, an dem ich sterben werde, werde ich meinen Vater zusammenschlagen und auf ihm herumtrampeln, und um elf Uhr neunundfünfzig Minuten und neunundfünfzig Sekunden werde ich auf den Zug zum Himmel aufspringen.« Ein Zwölfjähriger schrieb, er zertrümmere am ersten Tag alle Fenster, dann raube er eine Bank aus und verbrenne das ganze Geld, dann zerstückle er einen Menschen, wie er es in Videofilmen gesehen hatte, zünde ein Haus an, überfahre mehr als 300 Menschen mit einem Auto, und »wenn ich das alles getan habe, wird es mir nicht leid tun zu sterben.« In anderen Aufsätzen wurden Bomben geworfen, Eltern massakriert, usw. Das einzig Wichtige schien für diese Kinder das Töten zu sein.

Ähnliches berichtete die Lehrerin Muriel Hirsch aus England.[52] Als sie mit ihrer Klasse über den Konflikt in Nordirland sprechen wollte, waren die Schüler nur gelangweilt: »Ach ja, die Katholiken hassen die Protestanten. Können wir nicht etwas Interessanteres tun?« — »Wenn ihr euch nicht dafür interessiert, warum unterstützt ihr dann die IRA?« — »Weil sie Bomben werfen und alles kaputtmachen und Menschen in die Luft gehen lassen — riesig!« Sie lieben die Gewalt, schreibt die Lehrerin, nicht die Menschenrechte. Gehorsam, Anpassung und das Fehlen empathischer Wahrnehmungsfähigkeiten schaffen eine schweigende Mehrheit, die die Erfolge des Rechtsextremismus erst möglich macht.

In der Entwicklung des Rechtsradikalen bildet die Verleugnung des Schmerzes den Kern jener Dynamik, die ihn zum Unmenschen werden läßt. Wenn ein Kind den eigenen Schmerz verdrängen muß, weil die Eltern ihn nicht ertragen können — er würde sie ja mit der Wirklichkeit ihres lieblosen Verhaltens gegenüber dem Kind konfrontieren —, dann sucht es später seinen abgespaltenen Schmerz, für den es durch die Eltern bestraft wurde, in andern, die es zum Opfer macht, um so den Schmerz endgültig zu beseitigen. Deshalb demütigen, schänden, morden sie. Sie geben so die Bestrafung, die sie selbst erlitten haben, an andere weiter. Um die-

sen Vorgang zu verschleiern, machen sie ihre
Opfer zu Tätern, denen sie Hinterlist und Verschwörung unterstellen. Hitler institutionalisier-
te diesen Prozeß in bezug auf die Juden. Dieses
Vorgehen ist aber typisch für solche Gewalttäter, weil sie so Schuld zurückweisen und sich
der eigenen Verantwortung für ihre Taten entziehen können. Es gibt ihnen auch die Möglichkeit, sich selbst zu bemitleiden. Dieser falsche
Schmerz ist der einzige Weg, auf dem sie sich
ihrem wahren Schmerz nähern können. Sie können anderen Schmerzen zufügen und ihren eigenen Schmerz im »Fremden« bestrafen, ohne
dafür Verantwortung übernehmen zu müssen.
Robert Saulters, Großmeister des irischen Oranierordens, der es ablehnte, sich von dem mörderischen Loyalistenkommando zu distanzieren, verkündete vor kurzem in der nordirischen
Stadt Portadown, die Mitglieder seiner Organisation seien Opfer einer Verschwörung, weil die
unabhängige Paradekommission ihnen unter-
sagt hatte, provozierend durch den katholischen
Teil der Stadt zu marschieren.[53] Die Gewalttaten
des Ordens haben Nordirland mehrfach an den
Rand des Abgrunds getrieben.

Das Phänomen der Schmerzverleugnung ist
charakteristisch für alle Gesellschaftsordnun-

gen, die auf Anpassung beruhen. Mantell berichtet, daß die Familien der Green Berets, von
denen bereits die Rede war (vgl. Seite 27–29),
von einem »überwältigenden System konformistischer Anforderungen beherrscht wurden. Die
Regeln wurden unabhängig von den Bedürfnissen und den Gefühlen der schwächeren Familienmitglieder in Übereinstimmung mit traditio-
nellen Bräuchen und persönlichen Neigungen
etabliert und nicht in Frage gestellt«. An diesem
Punkt werden einem Kind Schmerzen zugefügt,
die es nicht wahrhaben darf. »Feinfühligkeit
und Zärtlichkeit wurden insbesondere für Männer als Zeichen der Schwäche angesehen und
daher unterbunden, ihre Äußerung manchmal
bestraft. Daher lernten sie [die Green Berets]
frühzeitig, daß Zärtlichkeit in ihren Familien ein
Tabu war und sie den Launen ihrer Eltern ausgeliefert waren.« In dieser Schilderung kommt
zum Ausdruck, wie die Grenzen des kindlichen
Seins übertreten wurden, wodurch es verstüm-
melt und in Richtung Gewalt gedrängt wurde.
Die Lieblosigkeit einer solchen Erziehung beeinträchtigt auch die strukturelle Entwicklung
des Gehirns. Das Forschungsteam von Fred
H. Gage am Salk Institute in La Jolla stellte
fest, liebende Stimulation vergrößere die An-

zahl der Gehirnzellen im wachsenden Organismus.[54]

Eine Entwicklung ohne Liebe setzt sich um in eine Gewalttätigkeit, die anderen ihr Menschsein verweigert. Nicht nur Gewalttätigkeit ist Ergebnis des beschriebenen strukturbildenden Prozesses (die Welt wird als feindlich erlebt, man traut dem Neuen nicht, weil es vorweg als Gefahr erlebt wird, wodurch sich die hormonelle Basis verändert, so daß Serotonin, das Streßverhalten relativieren kann, reduziert wird, wodurch wiederum erhöhte Erregbarkeit und Gewalttätigkeit ausgelöst werden). Diese Entwicklung bewirkt auch einen niedrigen Selbstwert. Die empfundene Wertlosigkeit kann dann durch gebilligtes Verhalten, zum Beispiel Feindlichkeit gegen Fremde, abreagiert werden. Schon der Ruf nach Bestrafung des vermeintlichen Feindes lindert das Gefühl der eigenen Wertlosigkeit. Hier zeigt sich erneut, wie Abstraktion ohne mitfühlende Wahrnehmung dazu führt, anderen das Menschsein zu verweigern, wie Gewalt unter dem Deckmantel einer abstrakten Idee legitimiert wird.

4 Haß und Gewalt sind das Motiv — nicht Ideologie

Der Haß

Gewalt muß also als ein Phänomen untersucht werden, das in unserer Kultur allgegenwärtig ist. Sie äußert sich ja nicht immer »gewalttätig«. Gewalt ist allen Gemeinschaften inhärent, deren Fundament die Bereitschaft zum Gehorsam ist. Wenn wir gelernt haben, nur uns selbst zu lieben, wenn wir gehorsam sind, dann können wir kein Mitgefühl haben mit anderen, die den Gehorsam in Frage stellen. Wir müssen, ohne uns dessen bewußt zu sein, den Ungehorsam, der einmal unser eigener war, in anderen bestrafen und töten. Der äußere Feind, den wir benötigen, um uns von dem einstigen inneren Feind zu schützen, kann viele Gesichter haben. Menschen, die nach dem Gesetz des Stärkeren erzogen wurden, die gelernt haben, nur ein gnadenloser Konkurrenzkampf sichere die eigene Unverletzlichkeit, werden in ihrem Leben kein Erbarmen, kein Mitgefühl mit anderen empfinden. Aggression wird hier zur Destruktivität, weil Hilflosigkeit, die ja durch den Gehorsam verstärkt wurde, als verachtenswerte Schwäche abgelehnt werden muß. Der tägliche Konkurrenzkampf, der ja typisch für unsere Kultur ist, wird so zum Beweis einer vermeintlichen Stärke, mit der Verletzlichkeit und Hilflosigkeit aus dem Bewußtsein verbannt werden. Zugleich wird die Gewalt, die anderen dabei zugefügt wird, verneint.

Diesen Mechanismus zu durchschauen fällt deshalb so schwer, weil diese Art der Gewalt gesellschaftlich akzeptiert wird. Der Verlust des Mitgefühls führt dazu, daß Abstraktionen den Menschen von seiner Gefühlswelt abtrennen. So degradiert er sich selbst zum Unmenschen. Da all dies so selbstverständlich in unserer Kultur ist, bemerken wir gar nicht, wie wir — auch ohne die haßerfüllten Ideologien des Rechtsextremismus — immer inhumaner werden. Im Kontrast zu vielen Intellektuellen, die mit ihren Abstraktionen kalt und gefühllos wirken, erscheint der Rechtsradikale spontan und emotional. Er ist jedoch nur auf einseitige, pathologische Weise mit seiner Gefühlswelt verbunden: Das einzige Gefühl, das er kennt, ist der Haß.

Von liebenden Gefühlen ist er abgeschnitten. Das gilt leider auch für den Linksextremen, bei dem Abstraktion die seelische Empfindsamkeit zur Unempfindlichkeit verkümmern läßt.

Antonio Negri, ehemaliger Professor für Politikwissenschaft an der Universität Padua und später ein Sprecher des italienischen Linksextremismus, schrieb in den siebziger Jahren in seinem Buch »Sabotage«: »... jede Zerstörungs- und Sabotageaktion überströmt mich als Zeichen von Klassenverbundenheit ..., es füllt mich ... mit fiebriger Emotion, wie wenn ich die Geliebte erwarte. Noch betrifft mich der Schmerz des Gegners.«[55] Hier wird Liebe mit Zerstörung und Tod gleichgesetzt. Dadurch brauchte sich Negri dem Mörderischen seines Tuns nicht zu stellen. Es scheint sogar, daß er vom Risiko der Sabotageaktion erregt wurde, dies ins Sexuelle übertrug. Die abstrakte Idee der Klassenverbundenheit entspricht wohl einem Bedürfnis nach Wärme. Daß er dabei ist, diese zu töten, bleibt ihm im Rausch des vermeintlichen Triumphs über die Schmach der Hilflosigkeit aufgrund der Abstraktion vollkommen verschleiert. Im Gegensatz zu dem kapitalistischen Geschäftsmann, der im Konkurrenzkampf triumphiert, ist Negri dem Tode sehr viel direkter verschrieben. Was nicht bedeutet, daß die weniger tödliche Aggression in ihren Auswirkungen auch weniger gewalttätig ist.

Gewalt ist allgegenwärtig, weil die Angst, man selbst zu sein und zu den eigenen Gefühlen zu stehen, so tief in den Erziehungsstrukturen unserer Kultur verankert ist. Hoffnung geben nur die Menschen jenes Drittels der Bevölkerung, die weniger davon bestimmt wurden und sind. Das sind die Menschen, die unsere demokratische Zukunft sichern können. Das Problem ist nur: Politiker sind weit von einer solchen Erkenntnis entfernt. Sie sind nicht einmal in der Lage zu sehen, welche Bedeutung der »silent majority« für die Stärkung des Rechtsextremismus zukommt. Statt dessen bringen sie durch Posen und Machtgehabe die Menschen um ihre berechtigten Bedürfnisse und deren Erfüllung. Die wahren Bedürfnisse müssen erkannt werden, um die Demokratie zu festigen.

Die Problematik der Gewalt ist tief verbunden mit den Gehorsamsstrukturen, durch die unsere Kultur sich verewigt. In ihrem äußeren Erscheinungsbild mag sich etwas verändern, es bleibt jedoch die Tatsache, daß immer wieder Gewalt angewendet wird, um andere zu unterjochen. Dabei ist es gleichgültig, ob die Ideo-

logie eine rechte oder linke ist. Sie dient letztlich nur der Rationalisierung, um die Unterdrük-
kung oder Zerstörung des anderen zu legitimieren. Gewalt und Gewalttätigkeiten werden so
zu einer eigenen Quelle eines vermeintlichen
Lebendigseins, weil mit Gewalt in die Knie ge-
zwungen werden kann.

»Hurrah! Hurrah! Wir gehen in den Krieg.«
Auf den Straßen von Berlin, St. Petersburg,
Wien und Paris schrien 1914 Männer und Frau-
en, begleitet von Militärmusik, nach dem Blut
von Menschen, die wie sie selbst waren, von denen sie kurz zuvor noch nichts wußten und die
zu hassen es keinen Grund gab. In seiner Ad-
ventspredigt von 1915 spornte der Bischof von
London seine englische Gemeinde an, »Deutsche zu töten ... die guten wie die bösen, die
jungen wie auch die alten ... sie zu töten, damit
die Zivilisation der Welt nicht selber getötet
werde. Wie ich es schon tausendmal gesagt
habe, sehe ich diesen Krieg als einen Krieg um
Reinheit ... für die Prinzipien des christlichen
Glaubens. Ich sehe jeden, der in diesem Krieg
stirbt, als einen Märtyrer.«[56] Im Juli 1914 ver-
langten Millionen von Europäern den Krieg —
inbegriffen ein überschwenglicher Hitler, den
man auf einem Foto in einer Masse aufgebrach-

105

ter Bayern auf dem Münchener Odeonsplatz sehen kann. »Warum«, fragt Jason Epstein, ein amerikanischer Journalist, »scheint es für uns natürlich, daß Homers (und unser) Held Achilles ist, der Psychopath, der droht, den sterbenden Hektor ›roh zu essen‹, und nicht der wirklich heldenhafte Hektor, der seine Frau und seinen Sohn liebte und starb bei der Verteidigung seiner Stadt?«[57] Es wird uns nicht weiterbringen, wenn wir glauben, alles liege in den Genen, es sei ebenso eine Veranlagung des Menschen, zu dominieren und Kriege zu führen, wie die Gewaltbereitschaft unbesonnener junger Männer etwas ganz Natürliches sei. Wir Menschen sind keine Ameisen oder Graugänse, die ihrer genetischen Bestimmung folgen. Wir können denken und wählen und über unsere Geschichte nachdenken.

Tatsächlich sind Gewalt und Gewaltbereitschaft jedoch ein so universelles Phänomen, daß leicht der Eindruck entsteht, sie lägen in der menschlichen Natur. Dabei ist das Gegenteil der Fall. Ich bin bereits auf das Problem der Treue in unserer Gesellschaft eingegangen und habe die Verkehrung der Gefühle erläutert, die entsteht, wenn das menschliche Sein in seiner frühen Kindheit bedroht wird. Wenn ein Kind sich unterwerfen muß, fühlt es sich schuldig für die Gewalt, die man ihm antut. So bleibt ihm — eine Paradoxie mit schrecklichen Folgen — die Hoffnung erhalten, daß es seine Lage verbessern kann, indem es sich ändert. Es glaubt ja, selbst an seiner ungeliebten Situation schuld zu sein. Kinder rechnen dann ständig damit, sich schuldig fühlen zu müssen. Schuld jedoch erniedrigt den Selbstwert und ist deshalb bewußt kaum auszuhalten. Um die Schuld abzuwälzen, werden Kinder — und Erwachsene — wütend, aggressiv, gewalttätig. Das Schreckliche dabei ist, daß so Gewalttätigkeit der Weg wird, die Schuld loszuwerden, wodurch der Mensch die Verantwortung für sein eigenes Tun verwirft. Wenn diese Fähigkeit fehlt, müssen Menschen ihre Schuld immer auf andere abwälzen, weil sie ihnen unerträglich ist. Gewalt ist dann ihr Weg, um sich als aufrecht gehend zu erleben. Sie stehen immer unter Druck, bereit zu explodieren.

Wenn ein Mensch eine solche Entwicklungsgeschichte hat, muß er alles, was zu wirklicher Liebe führen könnte, hassen und zerstören. Hier liegt der Grund, daß unsere westlichen Kulturen zunehmend zu einer Entfremdung des Menschen von sich selbst führen.

Ein schreckliches Beispiel dieser Gewalttätigkeit gab die New York Times vom 7. Februar 1968: »Phoenix, Arizona, ASA. Linda ... tötete sich selbst, berichteten heute Polizisten, um ihren Hund Beauty nicht als Strafe dafür töten zu müssen, daß sie die Nacht mit einem Mann verbracht hatte. ›Ich habe sie getötet, ich habe sie getötet, es ist, als hätte ich sie selbst getötet‹, zitierte ein Kriminalbeamter den leidgebeugten Vater. ›Ich habe ihr die Waffe gegeben. Ich habe niemals gedacht, daß sie so etwas tun würde ...‹ Linda kam nach einem Tanzvergnügen in Tempe am Freitagabend nicht nach Hause. Am Samstag gab sie zu, die Nacht mit einem Leutnant der Luftwaffe verbracht zu haben. Die Eltern beschlossen eine Strafe, die Linda eine Lehre sein sollte. Sie befahlen ihr, den Hund zu erschießen, der ihr seit zwei Jahren gehörte. Am Sonntag brachten sie Linda und den Hund in die Wüste in der Nähe ihres Hauses. Das Mädchen mußte ein Grab schaufeln, dann hielt die Mutter den Hund fest, und der Vater gab der Tochter eine Pistole und befahl ihr, den Hund zu erschießen. Statt dessen setzte das Mädchen die Pistole an ihre rechte Schläfe und erschoß sich selbst.«[58]

Gewalt ist nicht nur alltäglich, sie wird, wie in

diesem Fall, oft auch gar nicht als solche erkannt. Indem Eltern sagen: ›Ich bestrafe dich
nur, weil es zu deinem Besten ist‹, verleugnen
sie die Tatsache ihres gewalttätigen Verhaltens.
Das entspricht dem, was uns unsere Kultur täglich lehrt. So orientiert sich Geschichtsschrei-
bung an Herrschern, an Eroberern, an mächtigen und gewalttätigen Feldherren. Unsere
Sicht, Größe bedeute Weitsicht und Souverä-
nität, verhüllt die dahinterliegende Gewalt. Dadurch wird Gewalttätigkeit nicht nur verleugnet, sondern auch gebilligt.

Fast täglich lesen wir etwas über die zunehmende Aggressivität von Jugendlichen. So berichtete die Neue Zürcher Zeitung am 23. August 2001 von einer Studie, die herausfand, daß
rund ein Drittel der deutschen Jungen im ver-
gangenen Jahr Gewalt gegen Menschen aus-
geübt hat.[59] Man ist schockiert über die wach-
sende Brutalität, mit der diese Gewalttaten
begangen werden. Aber erleben wir ähnliches
nicht bereits seit Jahrzehnten bei Fußballkra-
wallen? Lesen wir nicht seit Jahren fast täglich
Schreckliches über die Aggressivität von Kindern gegen Kinder? Natürlich stimmt es, daß
die Gewalt zunimmt. Wir tun aber so, als ob sie
heute etwas völlig Neues wäre, für das wir Er-

klärungen in der aktuellen Situation suchen müssen. Die Gewalt war aber schon immer da, sie ist Bestandteil unserer Kultur. Nur weil wir sie nicht wahrhaben wollten, sehen wir sie plötzlich als neues Phänomen. Wir erkennen sie erst, wenn sie unser Bewußtsein zu sehr belastet, wenn sie sich zunehmend bemerkbar macht, weil zuvor niemand etwas dagegen getan hat. Dann wird so getan, als ob die frühere Gewalt nichts mit der aktuellen Gewalt zu tun hätte. So erkennen wir nicht, daß der gemeinsame Nenner in den Wurzeln unserer Sozialisation zu suchen ist.

Diese Sozialisation lehrt — bewußt oder unbewußt — das Prinzip, daß Selbstwert dadurch zu erringen ist, daß der andere erniedrigt und gedemütigt wird. Andere niederzumachen wird also zur Quelle des Wohlbefindens. Als Reaktion auf die Unterdrückung des eigenen Seins, der eigenen Wahrnehmungen und Bedürfnisse entwickelt sich in jedem ein gewaltiges Potential an Haß. Zugleich besteht durch den früher erlebten Terror, den die Unterdrückung als Kind mit sich brachte, die Notwendigkeit der Verneinung des aktuellen Erlebnisses. Für sein seelisches Überleben muß der Mensch seine Gefühle verkehren: Schmerz und Verletzung

werden in eine Idealisierung desjenigen verwandelt, der ihm den Schmerz zufügte. Ein
Kind kann nicht überleben mit dem Gefühl, daß
es nicht geliebt und sein Sein nicht anerkannt
wird. Darüber habe ich bereits geschrieben.
Aber Haß und Schmerz bleiben in ihm bestehen. Einige Menschen wenden ihn gegen sich
selbst, aber auch das ist nicht erlaubt, weil dadurch der Täter schuldig gemacht würde. So
bleibt in den meisten Fällen, in denen Schmerz
und Haß besonders groß waren, nur die Möglichkeit, sie nach außen zu projizieren. Hier vereinen sich Haß und unterdrückter Schmerz.
Man fügt anderen Leid zu, um sie für den
Schmerz zu bestrafen, den man einst selbst erlitten hat. Die Quelle der Gewalttätigkeit liegt
also in dem, was selbst erlebt und erlitten wurde. Solche Menschen empfinden es aber als
herabwürdigend, Schmerz und Leid zuzugeben, weil es sie wieder in jene unerträgliche Situation zurückversetzen würde, in der sie erniedrigt und entwürdigt wurden. Sie würden
sich dann als schwach erleben, weil ihnen ja
von klein auf beigebracht wurde, daß es Schwäche bedeutet, Schmerz und Verletzung zu zeigen. Deshalb müssen sie andere erniedrigen,
foltern, erobern. Macht, Stärke und Gewalt sind

unmittelbar mit dem Aufrechterhalten des eigenen Selbstwertes verknüpft.

Solange also Größe ein Wert an sich ist, wird Gewalttätigkeit Teil und Merkmal unserer Zivilisation bleiben. Diese als neues Phänomen zu betrachten wäre eine Lüge an der Geschichte. In »Das Ringen um das Tausendjährige Reich« schildert Norman Cohn den revolutionären Messianismus im Mittelalter.[60] In einer brillanten Analyse gibt er Zeugnis von einer Gewalt, für die man sich schon damals einen äußeren Feind suchte, dem die menschlichen Eigenschaften abgesprochen wurden, weil der Feind man selbst war, das Eigene zum Fremden gemacht wurde. Es ist nicht verwunderlich, wenn Umfragen wie die der Friedrich-Ebert-Stiftung immer wieder Gewaltbereitschaft und eine autoritäre Gesinnung konstatieren. In »Ausflüchte unseres Gewissens«, einer kleinen Dokumentarschrift aus dem Jahre 1960, zeigte Robert Neumann auf, daß 47 Prozent der Deutschen nichts gegen einen neuen Nazi-Staat gehabt hätten, nur 26 Prozent waren dagegen.[61] Entscheidend ist, inwieweit Menschen sich bedroht fühlen und sich dadurch in ihrem Selbstmitleid bestätigt sehen. Das Selbstmitleid steht an erster Stelle, weil wahres Leid und ein Bewußtsein für wahre seelische Verletzungen nicht mehr möglich sind. Ein wahres Mitgefühl für das eigentliche Opfer in sich und andern fehlt. Deshalb sind solche Menschen von Minderwertigkeitsgefühlen geprägt. Ohne dieses Mitgefühl bleibt nur das übrig, was ein englischer Polizist über englische Rowdies sagte: »Sie können sich nur noch gegenseitig anmachen und damit angeben, wie groß und stark sie sind. Das sind doch alles junge Burschen, die verzweifelt versuchen, Männer zu werden.«[62] Stärke und Mächtigsein aber sind die Instrumente einer gesellschaftlichen Ideologie, die Leid und Verletzlichkeit ablehnt, um Größe, die zur Unterdrückung führt, zu verherrlichen. Dies ist die Verkehrung der Gefühle, die soviel Unheil produziert. Dieses Unheil besteht nicht nur darin, daß Gewalt erzeugt wird und Menschen dazu gebracht werden, ihren Schmerz und ihre Verletzungen zu verleugnen. Das wahre Unheil ist der Verlust des Menschseins, der Identität. Denn eine Entwicklung, die den Menschen von erlebtem Schmerz und Leid trennt, verhindert, daß eigene empathisch erlebte Wahrnehmungen zur Basis einer auf Eigenes aufgebauten Identität werden. Gewalttätigkeit als Modus operandi bedeutet immer, daß die Identität des agierenden Menschen auf Identifikationen und Idealisierungen mit autoritären Unterdrückern basiert. Die Mechanismen, die eine solche Identität hervorbringen, sind andere als die, welche zur Entwicklung von Menschlichkeit führen. Sie werden bestimmt von der Anpassung an Machtstrukturen, von Stärke und sentimentalem Selbstmitleid.

5 Selbstmitleid und Schmerz in der Entstehung von Gewalt

Selbstmitleid ist ein Resultat des Opferseins, aber in einer Verkehrung dessen, was eigentlich den Schmerz erzeugte. Selbstmitleid ist immer ein Nichtwahrnehmen des wirklich erlebten Schmerzes, weil diesen zu erkennen gegen den Willen der Autorität verstoßen würde. Statt dessen bedauert sich der Betroffene dafür, daß er anderen Böses antun »muß«, wodurch er die Verantwortung dafür von sich weist, indem er dem Opfer die Schuld gibt. »Die Juden sind unser Unglück!« So konnte sich Himmler in großen Posen dafür selbst bemitleiden, daß er und seine Männer Frauen und Kinder ermorden »mußten«.[63] Ein deutscher Armeebürokrat, Mitglied jener Organisation, die in Polen nach dem Leeren der Ghettos für »Materialerfassung und Buchführung« zuständig war, schrieb an seine Frau, wie gut erhalten die Sachen der Juden seien, die er konfisziert hatte und an sie schicken werde.[64] Dann berichtete er von den Kindern im

Ghetto, die schmutzig seien und mit einem Gesichtsausdruck bettelten, der Mitleid erzeugen solle. Diese Kinder waren am Verhungern! Der Bürokrat schreibt: »Die Juden bestatten ihre Toten nicht, sie werfen sie einfach auf die Straße.« (Es grassierten Typhus und Ruhr.) »Wahrscheinlich«, schreibt er weiter, »ist das in Wahrheit ein ganz besonders heimtückischer Anschlag auf uns Deutsche ... das ganze Brauchtum dieser Untermenschen ist nicht nur fremd, sondern auch abscheu- und ekelerregend.« Wenn das »Menschsein« sich um ein Aufrechterhalten von Images dreht, die Gefühle nur vorgeben, tatsächliche Gefühle jedoch unterdrücken, gibt es kein wahres Mitgefühl mehr. Diese Simulation von Gefühlen kann andere verwirren, da jene, die Gefühle nur demonstrieren, ja selbst glauben, die Gefühle zu erleben. Selbstmitleid hat nichts mit wahrem Mitgefühl zu tun. Diese Erkenntnis ist eine Voraussetzung dafür, um Menschen ohne eigene Identität zu durchschauen und nicht mehr auf sie hereinzufallen.

6 Gehorsam, Mitgefühl und Identität

Grundlage dieser unheilvollen Entwicklung ist der Gehorsam. Bei dem Völkermord 1994 in Ruanda brachten Hutus innerhalb von hundert Tagen zwischen 800 000 und einer Million Tutsis um, die ihre unmittelbaren Nachbarn gewesen waren.[65] Den Hutus war der Gehorsam, ähnlich wie den Preußen, durch Jahrhunderte eines autokratischen Königreichs eingeflößt worden. Deshalb verhielten sie sich — von wenigen Ausnahmen abgesehen — wie Roboter, als der Befehl kam, die Tutsi zu ermorden.

Menschen, die auf der Grundlage von Mitgefühl eine wahre Identität entwickeln konnten, verhalten sich anders. Das ist nicht möglich, wenn Mitgefühl durch Gehorsam unterdrückt wurde. Dieses Problem veranschaulicht eine Studie der Anthropologin Lisa H. Malkki von der Universität Chicago über Hutus, die 1972 aus Burundi vor dem ethnischen Genozid durch eine Armee der Tutsi-Minorität geflohen waren.[66] Die Hutu, die sich weder im Aussehen noch in Hinblick auf Sprache und Sitten von den Tutsi unterscheiden, stammen, wie gesagt, aus einer Kultur, in der Gehorsam sowohl die politischen als auch die privaten Beziehungen prägt.[67] Eine Identität, die sich unter solchen Voraussetzungen entwickelt, orientiert sich nicht an eigenen inneren Prozessen, sondern am Willen einer Autorität.

Wie stark der Einfluß der Kultur auf das Identitätsgefühl ist, zeigte sich am Beispiel zweier Hutu-Gruppen, die sich vor dem Genozid 1972 von Burundi nach Tansania gerettet hatten. Die eine Gruppe wurde in einem Camp untergebracht, das geographisch isoliert lag und in dem das Leben streng durch Vorschriften reglementiert wurde. Die andere Gruppe siedelte sich in einer Stadt am Tanganjikasee an, wo sie in Gemeinschaft mit den anderen Stadtbewohnern lebten. Die beiden Flüchtlingsgruppen entwikkelten völlig verschiedene Identitätsstrukturen. Zwar hatten beide als Opfer der Verfolgung dieselbe Ausgangssituation. Die Camp-Bewohner jedoch, die unter strengen Vorschriften und Gehorsamkeitsregeln lebten, kultivierten dieses Opfererlebnis zum zentralen Anliegen. Es bildete den Kern ihres Identitätsgefühls. Sie entwickelten zum einen ein nationalistisches

Gruppengefühl, das den einzelnen Mitgliedern ein Gefühl von Substanz vermittelte. Gleichzeitig wurden andere, Fremde, zu Menschen ohne Identität, ohne Menschlichkeit degradiert. Andere, das waren nicht nur Tutsi, sondern alle, die nicht Hutus waren. Auf diese Weise entsteht jede Art von Rassismus: Mit dem anderen wird »Verunreinigung« halluziniert. Hier liegt auch der Ursprung von Hitlers und Streichers rassistischen Wahnideen über Reinheit und Unsauberkeit und das Zersetzen eines Volkes durch das »Fremdgut« von Juden, Zigeunern usw. Diese Sorge um die Reinheit setzt schon früh in der Kindheit an und ist eine Begleiterscheinung der Erziehung durch Gehorsam.[68]

Ein ganz anderes Identitätsgefühl entwickelte die Gruppe der Hutu-Flüchtlinge, die in der Stadt lebte. Sie sahen sich als Zugewanderte, die sich um Integration bemühten. Statt einer heldenhaften, von Opfermentalität bestimmten Identität entwickelten sie ein weltoffenes Kosmopolitentum. Ihr inneres Opfersein war untätig, schlummerte vielleicht. Das bedeutet, daß das gesellschaftliche Umfeld das Opfergefühl abschwächen oder verstärken, damit also auch Selbstmitleid fördern und Haß zementieren kann. Autoritäre Regeln und Gehorsamspflichten fördern das Gefühl des Opferseins, wie im Fall der Camp-Bewohner. Opfergefühle entstehen nicht automatisch. Sie sind in der Regel weniger akut, wenn die gesellschaftlichen Verhältnisse weitgehend Sicherheit gewähren, wenn weder der Arbeitsplatz noch der persönliche Status gefährdet sind. Dann können auch Menschen ohne eigene Identität scheinbar offen für andere sein. Man kann ihr menschliches Verhalten auch aufrechterhalten, indem man ihre wirtschaftliche Lage sowie ihre soziale Position sichert. Mallkis Studie zeigt, daß Identitäten ohne eigenes Selbst vom inneren Opfersein bestimmt sind und nicht von Mitgefühl und der Fähigkeit, Schmerz auszuhalten, und daß die Umweltsituation das innere Opfersein verstärken kann.

Zum Glück gibt es auch Beispiele dafür, wie Menschen trotz großer Veränderungen in ihrer Umwelt ihre Menschlichkeit und ihr Mitgefühl bewahren und trotz schlimmer Erfahrungen auch unter furchtbaren Umständen nicht unmenschlich werden. Hier sind die Studien von Judith Herman über Vietnamveteranen zu nennen, die nicht an Gemetzel und Mord teilnahmen, wie auch die Arbeiten von Werner[69] mit Menschen, die nie kriminell wurden, obwohl sie am Rande der Armut lebten. Trotz eigener Not waren solche Menschen immer weiter bereit, andern zu helfen. Auch DesPres' Studie über die Überlebenden der Todeslager zeigten, daß nur jene eine Überlebenschance hatten, die ihr Mitgefühl nie verloren.[70]

7 Gewalttätigkeit als Lebendigkeit

Die Problematik der Rechtsradikalen dagegen
deutet auf ein Sein, in dem nur Gewalt ein Gefühl von Lebendigkeit gibt. Hier kann man nur
konsequent gegen die Gewalttätigkeit vorgehen, sie nicht zulassen. Nicht-Identität als selbst-
zerstörerisches Resultat des Sich-selbst-Hassens
ist hier zum Selbstzweck des Lebens geworden.
Aus Rache müssen sie im andern das eigene
Fremde töten, das sie zu ihrer eigenen wirklichen Identität führen könnte. Unter dem Anschein des Heldentums müssen sie die menschliche Würde zerstören, die sie selbst nicht
besitzen. Erst wenn wir erkennen, daß eine
Krankheit wirkliche Ursache dieses Problems
ist und nicht eine politische Ideologie, werden
wir uns schützen können. Von dieser Krankheit,
die ihre Wurzeln in gesellschaftlichen Strukturen hat, die auf Gehorsam aufbauen, sind 8–30
Prozent der Menschen betroffen. Diese Gruppe
kann deshalb zu einer ernsten Gefahr für die Demokratie werden, da sie – vor allem zu Zeiten

wirtschaftlicher und sozialer Unsicherheit — jene 30 bis 40 Prozent für sich gewinnen kann, deren Opfergefühl nur latent vorhanden ist. Da diese 8–30 Prozent sonst ein angepaßtes Verhalten zeigen, wird ihr mörderisches Potential oft nicht erkannt. Im Gegensatz zu sogenannten psychotischen Mördern werden sie auch nicht als krank eingestuft. Wir erkennen sie nicht als die Psychotiker, die sie sind, weil uns ihr Denken logisch erscheint und ihr emotionaler Ausdruck jenen Bildern entspricht, die wir mit menschlichen Gefühlen verbinden. Einzeln können solche Menschen die Freundlichkeit in Person sein, wie ja auch Hitler gern als Charmeur auftrat. Erst wenn sie in der Deckung der Gruppe ihre Gewalttätigkeit ausleben, wird ihr scheinbar korrektes Benehmen als gekonnte Pose entlarvt. Dann wird deutlich, daß sie keineswegs intakt sind. Das aber ist schwierig, weil wir alle auf Rollenspiel getrimmt sind und dieses Verhalten als Ausdruck wirklichen Menschseins mißverstehen. Unser Blick ist verschleiert, weil wir nur das sehen, was wir glauben, sehen zu müssen.

Ein Interview, das Bruno Schirra 1998 mit dem Mediziner und »Forscher« Hans Münch führte, macht diese Diskrepanz deutlich.[71] Münch war zum Zeitpunkt des Gesprächs 87 Jahre alt und lebte in gutbürgerlichen Verhältnissen. Er wird als liebenswürdiger Herr beschrieben, der seine Gäste zuvorkommend umsorgt, während er erzählt, wie mühsam es war, die Juden in Auschwitz zu verbrennen. Daß die Juden auf den Scheiterhaufen nicht »einfach« brannten, schildert er als technisches Problem, das natürlich gelöst wurde. Er schildert, daß Häftlinge, die nicht spurten, als sie bei der Verbrennung das Fett der Verbrannten über die Leiber gießen sollten, in die kochende Brühe gestoßen wurden. Dabei wundert er sich noch heute, wie schnell sie starben – und reicht Marmorkuchen an seine Gäste. Seine Frau kann nicht ertragen, was er sagt, und bricht aus: »Mein Gott, wie ich mich schäme, eine Deutsche zu sein.« »Ich nicht«, sagt Münch. Die Juden hätten es zwar schlimm gehabt in Auschwitz. Aber für ihn sei es auch nicht leicht gewesen. »Juden auszumerzen, das war eben der Beruf der SS damals … Ich konnte an Menschen Versuche machen, die sonst nur an Kaninchen möglich waren. Das war richtige Arbeit für die Wissenschaft. … Im Hygiene-Institut (Auschwitz) war ich der König … Ruhig an einem Platz zu leben, an dem Hunderttausende Menschen vergast wurden, das hat mich nicht belastet.«

8 Die unerkannte Krankheit:
Die Maske der Menschlichkeit

Der hier offenbar werdende Widerspruch geht oft an Menschen vorbei, die selbst darauf konditioniert wurden, mehr auf Logik und Pose eines Redenden zu achten als auf seine Emotionen. Das spiegelt ihre eigene Erziehung wider, in der die wirklichen Gefühle und Motive der Eltern ignoriert und verneint werden mußten. Leute wie Münch werden deshalb ganz unterschiedlich gehört. Einige hören nur die Logik seiner Worte: Es ginge um seinen Arbeitsplatz, es sei sein Beruf, Juden auszumerzen, es wäre auf »richtiges« Verhalten angekommen, in diesem Fall darauf, die richtige Lösung zu finden für das »technische« Problem des besseren Verbrennens von Juden, wodurch man sich die Anerkennung der Autoritäten gesichert hätte. Sobald wir den Widerspruch erleben, die Unmenschlichkeit erkennen, kann uns die Pose der Liebenswürdigkeit nicht mehr trügen. Dann wird deutlich, was der amerikanische Psychiater Harvey Cleckley in seiner Studie über die Maske der scheinbaren emotionalen Gesundheit schrieb — daß solche Menschen Automaten sind, die eine menschlich fühlende Persönlichkeit nur nachahmen.[72] Die Kopie ist so perfekt, daß der Widerspruch übersehen wird, vor allem weil wir in frühester Kindheit bereits dazu gebracht wurden, das Unmenschliche und Roboterhafte der Eltern zu verkennen. Hoffnung liegt darin, daß wir solchen Prozessen in unterschiedlichem Ausmaß unterworfen waren. Die meisten Menschen, auch jene 30 bis 40 Prozent, die die schweigende Mehrheit ausmachen, haben noch genügend Zugang zum erlebten Empathischen. Sie lassen sich möglicherweise aus ihrer Apathie wecken, wenn sie immer wieder auf die Diskrepanz zwischen vorgeführter Pose und wahrer Motivation hingewiesen werden.

Auf diese Weise läßt sich auch die Pathologie der kranken 8–30 Prozent deutlich machen. Das Problem von Psychiatrie und Psychologie besteht heute ja darin, daß angepaßtes Rollenverhalten als Kriterium für psychische Gesundheit gilt. Es wird oft übersehen, daß auch ein Mensch, der nicht im geringsten intakt ist, durchaus »normales« Verhalten zeigen kann. Manchmal muß dieser Irrtum erst auf traurige

Weise erkannt werden, wenn solche Menschen, weil sie sich normal verhalten haben, frühzeitig aus dem Gefängnis oder der Psychiatrie entlassen werden und dann, kaum in Freiheit, einen Mord begehen.

Cleckley beschreibt diese Problematik einer scheinbar geistigen Gesundheit, die als Maske der Gewalt dient. Er setzte sich für die Erkenntnis in der Psychiatrie ein, daß »normales« Verhalten kein sicheres Indiz für den inneren Zustand eines Menschen ist, weil eine subtil konstruierte Reaktionsmaschine die menschliche Persönlichkeit perfekt imitieren kann. »Dieser einwandfrei arbeitende psychische Apparat bringt nicht nur unermüdlich Proben richtigen Denkens hervor, sondern auch die passende Nachahmung normaler menschlicher Gefühle, die auf nahezu alle Reize des Lebens reagieren. Die Kopie eines vollkommenen und normalen Menschen ist so perfekt, daß niemand, der einen solchen Menschen in der klinischen Situation untersucht, in wissenschaftlich objektiven Begriffen darlegen kann, wie und warum er nicht real ist. Und doch wissen oder fühlen wir, daß er keine Realität im Sinne eines voll und gesund erfahrenen Lebens hat ... [Es fehlt die] Fähigkeit, gewahr zu werden, was die grundlegenden Lebenserfahrungen für andere Menschen bedeuten.« Die Grundausstattung, die Cleckley meint, ist die eines Erlebens, das auf Empathie und ihren Auswirkungen beruht. Diese Fähigkeit ist bei solchen Menschen blockiert oder vom Erleben abgetrennt, ein Phänomen, das auch typisch für Rechtsradikale ist. Cleckleys Beschreibung zeigt, wie schwer es ist, deren Krankheit zu erkennen und sich angemessen vor ihren Folgen zu schützen. Das aber ist notwendig, wenn wir unser demokratisches Leben bewahren wollen. Denn ihre Krankheit, die in Wahrheit das innere psychotische Chaos eines Menschen ohne Ganzheit ist, wird von Wut und mörderischen Impulsen bestimmt, was jedoch durch normales, angepaßtes Verhalten verschleiert wird.

Mit Menschen, die in dieser Weise psychisch krank sind, muß man ganz anders umgehen als mit jenen Neurotikern oder sogenannten Schizophrenen, die normalerweise als seelisch krank gelten. Bei letzteren fällt es uns leicht, ihnen eine psychische Störung zuzuschreiben. Wir sehen in ihnen das, was wir in uns selbst fürchten – unsere abgewiesene Menschlichkeit, die uns angst macht. Wir projizieren also unsere Ängste in sie, finden in ihnen den eigenen Fremden, den wir

nicht wahrhaben wollen beziehungsweise können. Der Rechtsradikale dagegen verkörpert unsere eigene uns auferlegte Identifikation mit jenen, die uns in unserer Kindheit beherrschten.
Das macht es so schwer, seine Krankheit, bei der
es um eine Gewalt geht, die sich als Liebe ausgibt, als solche wahrzunehmen.

Es ist also die Identifikation mit dem Aggressor, die sowohl ein Erkennen des gewalttätigen
Rechtsradikalen (und der von Machtansprü-
chen Besessenen überhaupt) als Kranken verhindert als auch die Voraussetzungen schafft,
daß wir jene als Psychotiker stigmatisieren, die
die Gesellschaft als krank bezeichnet. Schizo-
phrene werden krank, weil sie sich gegen eine
gesellschaftliche Lüge wehren, die Macht als
Fürsorge tarnt. Der Rechtsextreme dagegen,
dem das Ausagieren von Haß und die Demütigung anderer eine Befriedigung sind, verkörpert jene Mächte, deren Gewalt wir selbst erlebt haben und die wir aus Angst idealisieren
mußten. Das macht es so schwierig, dieses Verhalten, das Liebe und Lebendigsein haßt, aber
als Beschützer der Gemeinschaft auftritt, richtig
einzuschätzen. Wir haben ja selbst gelernt, die
elterliche Gewalt zu verleugnen — zum Glück in
einem unterschiedlichen Ausmaß.

Diese Problematik hat auch Auswirkungen auf den Umgang mit Menschen, die unsere Gesellschaft als seelisch krank bezeichnet. Da wir das Verhalten ihnen gegenüber als Fürsorge interpretieren, erkennen wir nicht den Machtanspruch, der so häufig die heutige Psychotherapie charakterisiert. Die als »Fürsorge« getarnte Intervention soll ja bewirken, daß der Patient sich den vorgegebenen Normen anpaßt und sich »bessert«. Es kann nicht verwundern, wenn Psychotherapeuten bei ihrer Arbeit mit Rechtsradikalen immer wieder scheitern. Wie ich bereits in Zusammenhang mit den Arbeiten von Weber und Weidner beschrieben habe, lösen »Fürsorge« und »Güte« von seiten der Therapeuten bei solchen Patienten nur Verachtung aus. Das läßt sich jedoch nur erkennen, wenn wir unsere eigene Vergangenheit betrachten und sehen, was uns selbst zur Anpassung bewegte. Das verschleierte Machtspiel, das Psychotherapie oft beinhaltet, kann bei Rechtsradikalen nicht funktionieren, da es ihnen ganz direkt um Macht geht und sie fürsorgliche Menschen als machtlose Schwächlinge abtun. Mitleid wird nichts bei ihnen bewirken, da ihnen das Gefühl für Leid und Schmerz abhanden gekommen ist und sie zugleich Leid und Schmerz verachten. Eine Veränderung läßt sich erst herbeiführen, wenn man es schafft, sie betroffen zu machen. Das ist möglich, indem man ihnen vor Augen führt, daß sie ihren eigenen fiktiven Vorstellungen vom Heldentum nicht genügen.

Linke und rechte Extremisten haben eines gemeinsam: Sie brauchen abstrakte Ideologien, um ihre Gewalttätigkeit zu legitimieren. Die ideologische Gedankenwelt trennt sie von ihren Gefühlen, das Morden kann so als ein heiliger Akt dargestellt werden. Ähnliches geschieht auf vielen Ebenen in unserer Kultur. Andere Menschen werden zu Unmenschen erklärt, folglich kann man sich ohne Schuldgefühle in Schandtaten gegen sie ergehen. König Leopold II. von Belgien gab dafür ein Beispiel.[73] Mit unvorstellbarer Grausamkeit ließ er den damaligen Kongo plündern und ausbeuten. Demselben Zweck diente die Mythologie der Nazis und dient heute die Ideologie der Rechtsradikalen. Die kommunistische Partei der Sowjetunion konnte, »geschützt« durch ihre Ideologie, jahrzehntelang den Tod von Millionen Menschen rechtfertigen.

Manche Mörder töten bewußt und aus Vergnügen, andere mit gutem Gewissen, weil es angeblich der Nation oder der Partei dient. Es

gibt Mörder, die ihre Tat als eine Pflicht gegenüber »höheren« Idealen betrachten. Andere erleben sie als unmittelbare Genugtuung. Hitler
liebte die Zerstörung. Albert Speer schrieb in
seinen Tagebüchern: »Ich erinnere mich, wie er
sich in der Reichskanzlei die Filme vom bren-
nenden London, vom Feuermeer über War-
schau, von explodierenden Geleitzügen vorfüh-
ren ließ und welche Gier ihn jedesmal erfaßte.
Nie aber habe ich ihn so außer sich gesehen wie
gegen Ende des Krieges, als er wie in einem De-
lirium sich und uns den Untergang New Yorks
in Flammenstürmen ausmalte. Er beschrieb,
wie sich Wolkenkratzer in riesige, brennende
Fackeln verwandelten, wie sie durcheinander-
stürzten, wie der Widerschein der berstenden
Stadt am dunklen Himmel stand.«[74] Nur Tod
und Zerstörung brachten Hitler dazu, sich lebendig zu fühlen. Es ist das Tödliche, das diesen Menschen ein Gefühl gibt, im und am Leben zu sein. Traurig dabei ist, daß gerade
religiöse Ideologien zur Verschleierung von Destruktivität benutzt werden. Die Ereignisse am
11. September 2001 in New York geben Zeugnis davon, wie größenwahnsinnige kindliche
Zerstörungsphantasien Realität werden können. Daß schon Hitler die gleichen Phantasien

hatte, zeigt, wie universal sie sind. Solche Menschen glauben, daß ihr Heldentod sie mit Gott vereinen wird. Auf diese Weise entkommen sie der Verantwortung für das Leben und zerstören es: Diese Menschen sind für »Gott«, aber gegen die Schöpfung.

Die aktuellen Ereignisse erschrecken uns, doch es ist nicht das erste Mal, daß so etwas geschieht. Grausamkeit und Menschenverachtung, zudem gesellschaftlich legitimiert, gab es schon in den römischen Arenen. Unsere heutige Technik und die globalen Kommunikationsmöglichkeiten schaffen jedoch die Voraussetzung für ein immer größeres Ausmaß an Gewalt, wobei die Hemmschwellen jedes Mal weiter gesenkt werden, so daß sich die Brutalität steigert. Gewalt und Gewaltbereitschaft waren unterschwellig schon immer vorhanden, ihr Anteil wird jedoch zunehmend größer.

Damit wird etwas bewirkt, das unser Bewußtsein immer mehr verzerrt. Durch die Senkung der Hemmschwellen wird unser Bewußtsein zunehmend entstellt, weil sich so viele an Gewalt gewöhnen. Die »Gewöhnung« ist für diejenigen am größten, die in ihrer eigenen Geschichte viel Gewalt erlebt haben. Ihr Mitgefühl, das ja den eigentlichen Schutz vor der Verrohung bildet, wie es Judith Herman in ihrer Arbeit mit Vietnamveteranen beschrieben hat, ist am wenigsten ausgeprägt. Mehr denn je kommt es heute auf jene 30 Prozent an, die mit ihrem empathischen Eigenen verbunden geblieben sind, weil sie in ihrer Kindheit Liebe erlebt haben. Sie müssen auf die Notwendigkeit von Mitgefühl pochen. Die Reaktionen vieler New Yorker auf die Katastrophe geben Anlaß zur Hoffnung. In großen Teilen der Bevölkerung entstand ein starkes Gemeinschaftsgefühl, man fand in großer Solidarität zusammen, um etwas für die Helfer und die Opfer zu tun.

Das terroristische Selbstopfer für Gott ist ein Fluch des Gehorsams. Solche Menschen suchen nach Erlösung, weil ihnen das Eigene im Gehorsam gegenüber einer Autorität abhanden gekommen ist. Paradoxerweise sucht solch ein Mensch die Geborgenheit in einer »höheren« Autorität. Dieses Verhalten basiert darauf, daß ihn eine Autorität zum Leiden brachte. Gerade deshalb versucht man, sich der Autorität anzuschließen, in diesem Fall durch einen Glauben an ein Leben danach, wo die ersehnte Geborgenheit die Verbindung mit der Autorität beinhaltet. Dadurch bleibt verborgen, daß die Motivation der Tod selbst ist. Man sucht den

Heldentod, weil, wie Robert Musil es ausdrückte, das Heldentum die unpersönlichste Form des Handelns ist. Solche Menschen sind im Grunde beziehungslos, da sie weder die Intimität von Nähe noch Mitgefühl kennen. Ihnen bleibt nur eine Todessehnsucht, der Wunsch, sich und andere, so viele wie möglich, auszulöschen. In dieser Sehnsucht nach Erlösung durch den Tod drückt sich der Fluch des Gehorsams aus. So schreibt die Neue Zürcher Zeitung über japanische Kamikazeflieger im Zweiten Weltkrieg: »Der Kamikaze richtet seinen Fanatismus nicht nur gegen den Feind, sondern in nihilistischer Übersteigerung auch gegen sich selbst, indem er sich von Anfang an jeden Ausweg aus seiner Selbstzerstörung verbaut. Der Wille zur Gewaltanwendung verbindet sich hier mit dem Wunsch zur Selbstverneinung.«[75] Es geht um das Sterben, weil das Leben verhaßt ist. Durch die Selbstvernichtung wird der Wille einer Macht erfüllt, die einen in weiter Vergangenheit unterjochte.

9 Der Terrorismus

Terrorismus gab es schon immer, weil unsere Zivilisation ihn fördert. Er entsteht aus dem Haß auf das Eigene, weil unsere Kultur uns dazu bringt, unsere Menschlichkeit als Schwäche zu erleben und sie deshalb, in einem individuell unterschiedlichen Ausmaß, zu verwerfen.

Der Terroranschlag am 11. September 2001 und das Töten von mehreren tausend Menschen hat deutlich gemacht, daß es unter uns Menschen gibt, die das Leben verachten und die sich dem Tode verschworen haben. Der Anschlag ist kein Indiz dafür, daß wir es plötzlich mit einer größeren Anzahl solcher Gewalttäter zu tun haben. Es gab diese Menschen schon immer. Ihre Sehnsucht nach Tod und Zerstörung offenbarte sich im antiken Rom genauso wie in den Naziverbrechen und andern Massakern der Neuzeit, im Kongo, in Mexiko, im ehemaligen Jugoslawien. Dramatisch ist jedoch, daß die Terroranschläge auf New York und Washington schlagartig die Hemmschwelle für Gewalt gesenkt haben. Jetzt ist alles möglich. Nicht nur, weil es plötzlich soviel mehr denkbare Möglichkeiten gibt, Tod über die Menschheit zu bringen. Erschreckend ist vor allem, daß die Selbstinszenierung der Gewalt ein so gigantisches Ausmaß angenommen hat. Schon Walter Benjamin wies darauf hin, daß Hitler sich und seinen Größenwahn dem deutschen Volk als ein Theaterspektakel verkaufte.[76] Benjamin erkannte, daß der Faschismus die Ideologie nur benutzte, tatsächlich aber keine Ideologie war. Vielmehr ging es darum, dem Volk durch eine Inszenierung von Posen, die Herrschaft oder Pflicht und Gehorsam ausdrückten, eine Identität zu geben. Menschen, die über keine wirkliche Identität verfügen, brauchen das politische Spektakel, um sich vollständig und intakt zu fühlen. Den wirklichen Kern des deutschen und italienischen (und jedes anderen) Faschismus bildete die Pose des Herrenvolkes. Die Ressentiments der Nazis und ihre Träume von einer historischen Wiedergutmachung waren nur die Pfeiler, die das Spektakel unterstützten.

Hinter jedem Terrorismus und jeder Gewalttätigkeit steht eine innere Leere, die ihre Ursache darin hat, daß sich keine Identität bilden konnte, die im Mitgefühl und in der Empfindsamkeit für den eigenen Schmerz und den des anderen wurzelt. Wenn ein solches Fundament fehlt, entsteht eine Identitätsstruktur, die nur auf Identifikationen mit Autoritäten und auf Gehorsamkeit beruht und die Entwicklung einer wirklichen eigenen Identität verhindert. Das, was das Eigene hätte sein können, wird gehaßt, weil die erziehenden Autoritäten es abgelehnt haben und das Kind dazu verdammt war, es als fremd abzuspalten. Die Leere, die solche Menschen empfinden, macht sie mehr als andere empfänglich für die Inszenierung von Spektakeln, weil diese ihnen das Gefühl geben, mit Stärke und Macht (im Sinne von Herrschaft über Schwäche) vereint zu sein. Das ist es, was hinter jeder Art von Faschismus, dem rechten wie dem linken, steht. Der englische Psychoanalytiker Donald Winnicott beschrieb solche Menschen als krank und unreif, da ihre Identifikation mit strafenden Autoritäten die Selbstentdeckung, also eine eigene Identität, verhindert (vgl. Seite 55 f.). Es gibt keine Selbstbestimmung, sondern nur eine Vermassungstendenz, die sich gegen Individualität richtet. Es fehlt ihnen an Ganzheitlichkeit. Sie können innere Konflikte nur außerhalb ihrer selbst lokalisieren. Ihre Ängste und Haßgefühle bekommen sie nur in den Griff, indem sie sie auf äußere »Feinde« projizieren. Indem sie andere töten, machen sie sich selbst zunichte, weil ja ihr Haß auf andere ein projizierter Selbsthaß ist.

Durch die Medien bekommen solche Attentäter ein großes Publikum für ihren Tod. Auf diese Weise wird ihr Tun zu einem gigantischen öffentlichen Szenario, das ihnen das Gefühl verleiht, großartig und lebendig zu sein, wobei der eigene nahende Tod gar nicht mehr wahrgenommen wird. In einer deutschen Fernsehdokumentation wurde (ARD, 23. Nov. 2001) die Leiterin der Flugschule in Florida (USA) interviewt, in der einige der New Yorker Attentäter trainiert hatten. Sie beschrieb ihr Verhalten als nett und normal. Sobald sie aber im Cockpit saßen, verhielten sie sich wie Roboter, wie ferngesteuert, abgetrennt vom Menschlichen. Sie waren also von sich selbst abgespalten, um den Tod als Leben inszenieren zu können. Die Gewalt und ihre spektakuläre Inszenierung werden zum Lebenszweck, das Leben selbst wird dabei aber genauso verleugnet und verneint wie der Tod. Robert Gutman beschrieb in einem Essay über Richard Wagner genau diese Art von »Götterdämmerung«, indem er auf die Leere des Heldentums einging: Siegfrieds Begräbnis »ist eine überwältigende instrumentelle Eulogie, welche die Karriere eines Helden feiert, der eine Null war; während Wagners Orchester die nobelsten Töne über uns ausschüttet, wird der Leichnam eines Nichts vorbeigetragen, eines Menschen, der sich wie ein Idiot benommen hatte.«[77]

Es ist die heldische Selbstzerstörung, die allen terroristischen Akten gemeinsam ist. Wir neigen dazu, die Ideologie als die Motivation zu interpretieren, weil wir unser Tun gerne mit rationalen Beweggründen erklären. So führen wir uns selbst an der Nase herum, um nicht zu erkennen, daß es nicht um abstrakte Gedanken geht, sondern um Todessehnsüchte, die einem leeren Selbst dazu dienen, vor dieser Leere davonzulaufen. Die in unserer Kultur übliche Betonung der Intellektualität verführt uns und verneint dabei, daß sie eine Trennung von Gefühlen bewirkt. Schon Raymond Aron verdeutlichte in seinem Buch »Das Opium der Intellektuellen«, wie der Intellekt sowohl einer Abspaltung von Gefühlen wie auch deren Verdeckung dient.[78] Immer wieder haben Intellektuelle jene unterstützt, die sich dem Tode verschrieben hatten, indem sie deren Ideologien als Heilsversprechen ausgaben, ohne die enthaltenen Todesziele zu erkennen. Gleichzeitig mißbrauchten sie die Ideologie — wie im Nazi-Deutschland —, um Todesziele als moralische Erneuerung zu legitimieren. Die tödliche Motivation kommt vor der Ideologie. Diese dient nur der Verschleierung der wahren Antriebskräfte, sie ist niemals selbst Motivation.

In seinem Buch »Road to Revolution« legte Abraham Yarmolinski eine Studie über russische Terroristen im 19. Jahrhundert vor.[79] Darin wies er nach, wie sehr sich diese einer abstrakten Ideologie unterwarfen, um durch Gewalt und Terror ihre innere Leere auszufüllen. Obwohl sie vorgaben, für die Gerechtigkeit zu kämpfen, ging es ihnen nie darum, ein verlorengegangenes Selbst zurückzugewinnen. Sie fühlten sich lebendig, wenn sie mit dem Leben anderer Menschen spielen konnten. Das Gefühl der Omnipotenz, das ihnen der Terrorismus gab, ließ sie ihr Gefühl der Schwäche, das aus ihrem eigenen Opferseins aufstieg, verneinen. Darin liegt das Problem: Die Identifikation mit dem Mächtigen verhindert die Entfaltung eines eigenen Selbst und dadurch die Entwicklung wahrer Selbstbestimmung und Verantwortung. Die Ideologie, unter deren Banner die Mordtaten ausgetragen werden, verschleiert dabei die Unterwerfung unter die Macht. Die geistige Verarbeitung des Geschehens hat mit der grundsätzlichen Motivation nichts zu tun. Es ist die Lust am Untergang, die im Kern den wahren Beweggrund bildet. Es gibt einen Todestrieb, dieser ist jedoch nicht, wie Freud meinte, angeboren. Seine Existenz oder Nichtexistenz ist vielmehr von Sozialisationsprozessen abhängig, die einem Kind die Möglichkeit geben, seine eigenen Wahrnehmungen und Gefühle zur Basis seines Seins zu machen, beziehungsweise dies verhindern. Hier spielen die kulturellen Einflüsse eine entscheidende Rolle.

Unsere Kultur propagiert Größe, Besitz und Erfolg im wirtschaftlichen Wettbewerb als höchstes Ziel unseres Seins. Mehr noch: Wir glauben sogar, daß diese Werte unserer Selbsterhaltung dienen. Dabei ist es genau umgekehrt: Der blinde Glaube an Macht, Erfolg und Überlegenheit untergräbt in Wahrheit unsere Fähigkeiten zur Selbsterhaltung. Dafür gibt es viele Indizien: die große Anzahl von Drogen- und Alkoholsüchtigen, die steigende Rate von frühen Herzinfarkten und Krebserkrankungen, die zunehmende Gewalt, unsere immer größere Unfähigkeit zur menschlichen Nähe. Eine Gesellschaft, die ihre Kinder dazu benützt, um sich erfolgreich zu fühlen, kann nicht lebensfähig sein. In den Schulen werden unsere Kinder dazu angetrieben, sich andern überlegen zu fühlen, schon früh lernen sie, daß es ihnen nützt, andere mit Füßen zu treten. In einer Studie über das Schulsystem beschreibt Jules Henry eine alltägliche Situation.[80] Boris, ein scheuer Junge von 10 Jahren, bekommt von der Lehrerin die Aufgabe, den Bruch 12/16 auf den kleinsten Nenner zu bringen. Der Junge kommt nur auf 6/8. Während die anderen Schüler sich darum drängen, selbst die Antwort zu geben, ist Boris durch Ermunterungen der Lehrerin völlig paralysiert. In solchen Situationen lernen Kinder, daß Leid und Traurigkeit eines anderen der Preis für den Erfolg sind. Mit Ausnahme der Klügsten und Durchsetzungsfähigsten erleben alle wiederholt, daß sie Versager und andere »besser« sind. Das fördert den Haß auf die Erfolgreichen und die Hoffnung, es mögen einmal andere die Versager sein. Diese Hoffnung gestehen wir uns jedoch genausowenig ein wie den Haß, wodurch das alte Gefühl des Opferseins weiter verstärkt wird.

In Terre Haut (USA) wurde mit einem gigantischen Medienrummel der Terrorist McVeigh hingerichtet, der ein Gebäude in die Luft gesprengt hatte, in dem sich auch ein Kindergar-

ten mit Kindern befand.[81] Gleich nach der Ur-
teilsvollstreckung setzten zwei Jugendliche ein
Apartmenthaus in Brand, weil sie mit einigen
Bewohnern Streit hatten. Zwei Kinder verbrannten. Wie kommt es, daß Kinder und Jugendliche immer weniger Mitgefühl haben und
zunehmend mörderisch agieren? Es scheint,
daß die Betonung des Mordens in den Medien
die Zerstörungswut, die in vielen, auch Kindern,
lauert, auf die Zuschauer überspringt und die
Barrieren schwächt, wodurch Zerstörung zum
Ausbruch kommt.

Unsere politischen Führer predigen – wie im
Falle der USA – Vergeltung und sind nicht in
der Lage, die wahren Ursachen dieser Krankheit der Gewalttätigkeit und Todessucht zu
durchschauen. Im Gegenteil: Genauso wie den
terroristischen Attentätern fällt ihnen nur das
Töten als Lösung ein.

Es schmerzt uns, was in der Welt geschieht.
Leider glauben viele, daß nur Mittel, die noch
mehr Schmerz verursachen, die Welt retten
können. Solche Menschen sind die Spiegelbil-
der derjenigen, die uns durch Terrorakte in
Angst und Schrecken versetzen. Auch sie brauchen Feindbilder, um ihr eigenes Persönlich-
keitsgefüge aufrechtzuerhalten. Das Ergebnis

ist ein sich durch immer mehr Gewalt aufschau-
kelnder Prozeß, der nur in einer Apokalypse en-
den kann. Es stellt sich die Frage, wie wir diesen mörderischen Kreislauf, der beiderseitig im
Namen der Selbsterhaltung vorwärtsgetrieben
wird, bremsen können. Nur die Frage nach unserem Menschsein kann uns einer Lösung näherbringen.

10 Das Morden

Wir fürchten die Todessucht der Terroristen. Wir versuchen, diese zu verstehen, und glauben, daß das, was wir als ihre Verzweiflung wahrnehmen, vergleichbar ist mit unserer eigenen Verzweiflung, wenn wir auf andere wütend werden. Es ist wichtig zu erkennen, daß hier ein gewaltiger Unterschied besteht zwischen Wut und zerstörerischen Gedanken einerseits und einem tatsächlichen Tötungsakt. Viele von uns haben Probleme, die eigenen aggressiven Impulse richtig einzuschätzen. Manche Menschen fürchten sich so sehr davor, daß sie glauben, sterben zu müssen, wenn sie Haß in sich verspüren. Sie glauben, daß es allen Menschen so geht, und halten sich selbst für potentielle Mörder, sobald sie Aggressionen empfinden. Es ist jedoch etwas ganz anderes, tödliche Gedanken zu haben oder tödlich zu handeln. Es gibt auch Menschen, die es als Schwäche empfinden, wenn sie ihre Wut nicht in aggressives Verhalten umsetzen. Eine Patientin sagte einmal, sie komme sich feige vor, weil sie einen inneren Widerstand gegen Gewalt habe. Ihr Wertmaßstab war die kulturelle Idealisierung des starken Helden. Sie merkte gar nicht, daß es ihre Sensibilität und nicht ihre »Feigheit« oder »Schwäche« war, die sie von Gewalt fernhielt. Solche Menschen können sich gar nicht vorstellen, daß es andere gibt, denen es um den Akt des Tötens selbst geht, die von dem tiefen Wunsch angetrieben sind, andere zu demütigen und ihre menschliche Würde zu zerstören.

Zwischen Menschen, die hin und wieder das Gefühl haben, aus Wut jemanden töten zu können, und solchen, die tatsächlich töten, klafft ein Abgrund. Morden heißt immer, daß der andere als Unmensch gesehen wird und deshalb getötet werden darf. Der andere ist weniger, deshalb kann man ihn umbringen. Nur Menschen, denen ein wahres Mitgefühl für das Lebendige in sich und anderen fehlt, können tatsächlich töten. Die Identifikation mit der Macht, die einen unterdrückte, verhindert die Entfaltung des eigenen Selbst. Die Ideologie, unter deren Banner gekämpft wird, verschleiert sowohl die Unterwerfung als auch die eigene Feigheit und die Angst vor dem eigenen Mitgefühl, denn dieses würde solche Menschen in Konflikt mit ihren

Autoritäten bringen. Es ist ihre Feigheit, die sie so erbarmungslos macht.

Der Film »Vor lauter Feigheit gibt es kein Erbarmen« von Andreas Gruber schildert die »Mühlviertler Hasenjagd«, bei der im Februar 1945 rund um das KZ Mauthausen 500 sowjetische Offiziere getötet wurden.[82] Nur zwei wurden durch eine einfache Bäuerin gerettet, die aus Mitgefühl spontan bereit war, sie zu verstekken. Mitgefühl ist das Gegenmittel gegen das Mörderische. »Ich tat, um was ich gebeten wurde und was notwendig erschien«, sagt die Frau nachträglich. Da war jemand, der Hilfe brauchte, über eine mögliche Gefährdung des eigenen Lebens konnte man später nachdenken. Es war nicht Blindheit gegenüber Risiken, schreibt Peter Schneider in einem Bericht über Deutsche, die Juden vor den Nazis versteckten, vielmehr wurde unter den gegebenen Umständen zuerst die Notlage der Mitmenschen erlebt. Das geht auch aus den Berichten von zwei mutigen Frauen, Ruth Andrea Friedrich und Karin Friedrich, beide aus Berlin, hervor.[83] Beides, Mitgefühl und Selbstachtung, waren die Auslöser für dieses Verhalten. »Man will doch morgens in den Spiegel schauen können.« Hier liegen die wahren Quellen des Menschseins. Solche Helfer sind nie populär geworden, weil ihr Beispiel eine tiefe Kränkung für Mitmacher und Wegseher gewesen wäre. Allein in Berlin gab es Tausende von ihnen. Ihr Verhalten entlarvt die Rechtfertigung, daß es nur die Alternativen Gehorsam oder Tod gegeben habe, als Ausrede. Es widerlegt den Mythos jeder Diktatur, daß sich alle Menschen bei Terror und Unterdrückung gleich verhalten. Darum geht es: Wir müssen jene Menschen, die sich, wie die erwähnte Patientin, eine Sensibilität bewahrt haben, in ihrer grundsätzlichen Menschlichkeit unterstützen. Wir müssen sie darin bestärken, sich nicht vom Mythos des Heldentums derjenigen an der Nase herumführen zu lassen, die sich dem Tode verschrieben haben.

In »Die Last des Erinnerns« beschreibt Wole Soyinka am Beispiel Afrikas, wie so viele Herr ihrer selbst sein möchten, dies jedoch kaum möglich ist, wenn ein Mensch nie Herr seiner eigenen Existenz war, wenn er sein Schicksal nie selbst bestimmt hat.[84] Solche Menschen glauben, daß sie ihr Leben dadurch in den Griff bekommen, daß sie über das Leben anderer verfügen, indem sie diese demütigen und töten. Diese Allmachtsphantasien bringen die Terroristen hervor. In Wahrheit sind es jedoch diese

Menschen, die, wie Soyinka es ausdrückt, ständig Bücklinge machen. Sie sind es, die sich in blindem Gehorsam Autoritäten unterworfen haben, die sich selbst zu Sklaven gemacht haben, sich aber frei glauben, weil sie die Macht haben, einem anderen das Leben zu nehmen. Ein psychotischer Mörder, der im englischen Gefängnis von Broadmoor einsaß, beschrieb dieses »In-Besitz-Nehmen« eines anderen, als er über seine Tat sprach: »Ich nahm ein Leben, weil ich es brauchte.«[85] Er selbst war innerlich tot, weil er nichts Lebendiges in sich spürte, auch nicht seinen Schmerz. Er mußte über das Leben eines anderen als Besitz verfügen, weil Besitz in unserer Gesellschaft als Schlüssel zum Leben gilt. So agiert auch jeder Terrorist: Durch das Besitzergreifen kann er wahnhaft phantasieren, sein eigenes Leben im Griff zu haben.

11 Das Opfersein

In der Diskussion über Radikalismus und Terrorismus wird immer wieder gesagt, daß es die materielle Not sei, die solche Menschen zu ihren Taten treibt. Aber sie sind nicht die Verdammten, von denen Frantz Fanon sprach. Solche Menschen stehen häufig nicht unter dem Druck materieller Not. Ihr Druck kommt von woanders: Sie fühlen sich als Opfer — was sie ja auch sind; sie erkennen jedoch nicht ihr inneres Opfer, sondern glauben, es in dem Fremden außerhalb ihrer selbst zu finden, um dann diesen und sich selbst zu töten. Ich möchte nochmals Robert Musil zitieren, der dies mit dem Satz ausdrückte: »Man lebt sein politisches Leben wie ein ... Heldenepos, weil das Heldentum die unpersönlichste Form des Handelns ist.«[86] Diese Menschen sind gefühl- und beziehungslos, doch ihr Rollenspiel und ihre Simulation von Menschlichkeit trüben unseren Blick. Luigi Lucheni, der am 10. September 1898 die österreichische Kaiserin in Genf ermordete, sprach davon, daß er gerne jemanden töten würde, es müsse aber »eine sehr bekannte Persönlichkeit sein, damit man in den Zeitungen darüber lesen kann«.[87] Er war ein Vorläufer von Goebbels, was die Ich-Inszenierung als einen Ersatz für ein wahres Selbst betrifft. Soyinka sagt, daß Gewalt gegen ein Mitglied der menschlichen Gesellschaft immer ein Gewaltakt gegen die gesamte Menschheit ist. Erst wenn wir dies erkennen, erkennen wir auch die Verantwortungslosigkeit und die Würdelosigkeit solcher Menschen. Auch Simone Weil sah es klar, als sie schrieb: Es sind die scheinbaren politischen »Realisten«, die nicht erkennen, daß Gewalt in menschlichen Beziehungen immer beide, den Täter wie sein Opfer, entwürdigt.

Wo Haß zum generellen Antrieb eines Menschen wird, hat das Opfersein noch eine weitere, tiefere Grundlage. Ronald Sampson beschrieb in einer frühen Studie über das Phänomen der Macht, wie Mütter in einer von Männern dominierten Welt ihre Kinder dazu benutzen, um ihren eigenen, in seiner Entfaltung behinderten Ehrgeiz durchzusetzen.[88] Durch diese Verstrickung bleiben Kinder, vor allem die Söhne, an die Mutter gebunden. Aus klinischen Erfahrungen wissen wir, daß Verwöhnung generell zu einer

Abhängigkeit der Kinder von ihren Eltern führt.
Verwöhnung hat nichts mit Liebe zu tun, auch
wenn beides oft gleichgesetzt wird. Das Gegenteil ist der Fall: Liebe respektiert die Eigenständigkeit des Kindes und führt deshalb zu einer
freien, eigenständigen Persönlichkeit. Bei Verwöhnung dagegen kommt das Verhältnis zur
Mutter einer Leibeigenschaft gleich, was in dem
Kind einen tiefen Terror hervorruft. Die Folge ist
jener Haß, den solche Kinder meistens auch
noch als Erwachsene gegenüber der Mutter he-
gen. Die Quelle dieses Hasses ist der Terror, der
mit der Mutter als erster und wichtigster Be-
zugsperson erlebt wurde. Hier liegt der eigentliche Grund dafür, warum sich Winnicott zufolge Männer und Frauen einem Demagogen
ergeben. Die Unterwerfung rettet sie vor der unbewußt gefürchteten allmächtigen Mutter. Bei
Männern führt die Idealisierung eines Führers
wohl automatisch dazu, daß die Frau nicht mehr
als Angstquelle erlebt und auch nicht mehr als
solche erkannt wird.

Dieser psychische Prozeß ist wohl auch die
Ursache für die Anziehungskraft terroristischer
Führer wie Osama bin Laden, von dem bekannt
ist, daß seine Kindheit und Jugend von einer
verwöhnenden Mutter und einem dominanten,

autokratischen Vater geprägt waren.[89] Solche Männer schüren die Frauenfeindlichkeit und verkehren so die tiefe Angst ihrer Anhänger vor der Mutter in ihr Gegenteil – in einen Haß auf Frauen. Männer, die sich solchen Führern ergeben, können auf diese Weise ihren inneren Terror verleugnen und sich dadurch in ihrer Macho-Männlichkeit bestätigt fühlen. Sie verschleiern so ihre Verzweiflung und ihre Hilflosigkeit. Viele dieser Männer kultivieren ein göttlich-madonnenhaftes Mutterbild. Gleichzeitig aber verachten sie Mütter, sie erniedrigen und vergewaltigen Frauen, weil diese nicht die Göttlichkeit besitzen, die sie ihnen in ihrer Phantasie zuschreiben.

In einem Artikel schrieb der englische Schriftsteller John Le Carré: »Die inszenierten Fernsehbilder und Fotos von bin Laden lassen einen homoerotischen Narziß vermuten, ... mit jeder selbstverliebten Geste vermittelt er das Kamerabewußtsein eines Schauspielers. Er ist hochgewachsen, sieht gut aus, besitzt Gewandtheit, Intelligenz und Anziehungskraft ... Noch bemerkenswerter erscheint mir aber seine kaum gezügelte männliche Eitelkeit, sein Drang zur Selbstdramatisierung und seine heimliche Leidenschaft, im Rampenlicht zu stehen.«[90] Genauso wie bei Hitler geht es um die theatralische Pose, die für Menschen ohne eigene Identität unwiderstehlich ist, da sie ihrer Suche nach Stärke entgegenkommt, derer sie habhaft zu werden glauben, indem sie sich mit jemandem identifizieren, der diese Stärke als Pose vorführt. Vergleichbar mit Hitler, der sich dem Volk mit dramatischen Selbstinszenierungen verkaufte, ist auch hier gleichzeitig der »Terror selbst ein Theater«, wie es ein palästinensischer Aufrührer einmal zu Le Carré in Beirut sagte.

Die Verführungskraft dieser dem Tode verschriebenen Poseure wirkt besonders auf Menschen, die sich selbst nicht mögen und keinen Sinn im Leben finden können. Ein Korrespondent des Fernsehsenders NBC interviewte Samir Toubasi, nachdem dieser verhaftet worden war, als er in der israelischen Stadt Haifa einen an seinem Körper befestigten Sprengsatz zünden wollte. Dabei sagte der 18jährige Aktivist des islamischen Dschihad: »Ich fühlte, daß mein Leben sinnlos ist. Ich wollte sterben.« Auf die Frage, was es denn für ihn bedeutet hätte, wenn die Bombe explodiert wäre, antwortete er: »Ich glaube, die Leute hätten mich nicht vergessen.«[91] Bei diesen identitätslosen Menschen füllt das Selbstmord-Attentat die innere Leere aus. Ähnliches berichtete die Zeitschrift »GEO« auch von den Selbstmord-Attentätern der tamilischen Terrorgruppe LTTE auf Sri Lanka: »Sie haben die Gewißheit, daß sie posthum zu Volkshelden erklärt werden ...«[92]

Im Dezember 1998 gab Osama bin Laden dem Fernsehsender al-Jazeera Television ein Interview, in dem er sagte: »Unsere Brüder, die in Somalia kämpften, wunderten sich über die Schwäche, die Kraftlosigkeit und die Feigheit der US-Soldaten ... Wir glauben, wir sind Männer, muslimische Männer, die die Ehre haben müssen, (Mekka) zu verteidigen. Wir wollen keine amerikanischen Weiber-Soldaten, die (Mekka) verteidigen. Die Herrscher dieser Gegend haben ihre Männlichkeit verloren. Und sie glauben, daß das Volk Weiber sind.«[93] Deutlicher kann man die Verunglimpfung der Frau und die gleichzeitige Verherrlichung eines Männermythos der Stärke und der Größe kaum ausdrücken. Der Feind ist weiblich, und man selbst ist das idealisierte Bild des starken, großartigen Mannes. Natürlich verbergen sich hinter dieser Haltung kindliche Ohnmachtsgefühle und der innere Terror, der mit den erziehenden Autoritäten erlebt wurde. Diese alten Empfindungen werden jedoch erst durch aktuelle Demütigun-

gen wieder erweckt, durch Gefühle von Wertlosigkeit und Hoffnungslosigkeit, die hunderte
Millionen unterdrückter Menschen in der islamischen, aber auch in der übrigen Welt miteinander teilen. Dort, wo die frühe Kindheit in besonders starkem Ausmaß als terrorisierend erlebt wurde, führt die alte Ohnmacht zu grandiosen Machtphantasien und einer erbarmungslos
destruktiven Gewalt.

Daß hinter dem Haß als Motivation des Lebens
nur Terror und Hilflosigkeit stehen, ist auch belegt durch Studien arabischer Psychologen über
die palästinensische Intifada.[94] Diese steinewer-
fenden Kinder leiden. 60 Prozent von ihnen haben Angst vor nächtlicher Dunkelheit. Sie sind
streitsüchtig, fürchten sich vor allem Neuen, lü-
gen, stehlen, sind aufbrausend, aggressiv, ungehorsam gegenüber den Eltern, unruhig, verstört,
unbeliebt, leiden unter heftigen Kopfschmerzen,
Bettnässen, Appetitlosigkeit, lutschen am Dau-
men und kauen an den Fingernägeln. Indem sie
demagogischen Führern folgen, sich also einer
idealisierten Autorität unterwerfen, können sie
auch ihren unterbewußten Haß auf die eigenen
Eltern loswerden.

Dieses Phänomen wurde auch bei angola-
nischen Kinder-Guerillas und Schülern in So-

weto beobachtet: Sie fordern die Autorität ihrer Eltern heraus. Das grundlegende Muster bleibt immer dasselbe: Solche Kinder unterwerfen sich demagogischen Autoritäten. Indem diese die Rolle der Stärke verkörpern, bringen sie die Kinder dazu, ihre eigenen Eltern als weniger stark einzuschätzen und abzulehnen. Auf diese Weise rächen sie sich zwar an dem unterdrükkenden System ihrer eigenen Gehorsamkeitserziehung, gleichzeitig leben sie dieses jedoch nach und geben es weiter, indem sie sich einer scheinbar übergroßen Macht, dem Führer, unterwerfen.

Das ist auch die wahre Motivation der jungen Taliban-Krieger, die, entwurzelt in dem Glauben an eine übergroße Macht, ihren einzigen Halt finden.[95] Dieser gibt ihrem Leben eine Bedeutung und schafft zugleich die Möglichkeit, Frauen zu verachten und zu entwürdigen. So wird der Samen für die Entwicklung selbstmörderischer Terroristen gelegt. Man darf dabei jedoch nicht vergessen, daß die Auslöser, die das innere Opfer als Quelle der tödlichen Gewalt wecken, jene gesellschaftlichen und ökonomischen Prozesse sind, die Menschen ihre Würde und persönliche Bedeutung nehmen. Der eigentliche Feind, den wir bekämpfen müssen und bekämpfen können, ist die Zerstörung gesellschaftlicher Zusammenhänge durch ein wirtschaftliches Primat, das sich ausschließlich an Profit und Wettbewerb orientiert. Wenn ganze Bevölkerungsgruppen in Dritte-Welt-Ländern von einem Leben ausgegrenzt werden, das ihnen Würde und Bedeutung gibt, dann wird dadurch der Haß auf das innere Opfer geweckt und von den meisten nach außen projiziert. Bei Selbstmordterroristen spielen noch andere Faktoren eine Rolle: Zum einen gibt ihnen die Gruppe, der sie angehören, jene Bedeutung, nach der sie sich sehnen. Einmal Mitglied einer solchen Gruppe, wird außerdem der Zwang, vor den Kameraden nicht als Feigling dazustehen, zur Verstärkung ihrer »Helden«-Bindung.[96] Darauf werde ich später noch einmal eingehen.

Man fragt sich, wem diese Selbstmordterroristen eigentlich näher stehen — den Rechtsradikalen oder den linken Rebellen? Ich würde sie, ihrer seelischen Entwicklung wegen, eher den Linksradikalen zuordnen, auch wenn ihre Ideen — zum Beispiel in Hinblick auf ihre religiöse Gläubigkeit — nicht typisch »links« sind. Bei dieser Religiosität geht es um eine extreme Verschmelzung mit einer übermenschlichen Instanz, ähnlich wie bei den japanischen Kamikaze-Piloten, für die der Gott, für den sie sich opferten, auch gleichzeitig der lebende Kaiser war. Kern dieses psychischen Vorgangs ist die Vereinigung mit einem grandiosen Wesen, dessen vermeintlich überdimensionale Kraft neues Leben verspricht.

Dieses idealisierte Wesen gilt in der Regel als männlich. Man kann jedoch davon ausgehen, daß es sich bei dieser phantasierten Kraft um die Schöpfungskraft des Mutterbildes handelt. Aus ihrem Schoß werden wir alle geboren, sie ist die Quelle des Lebens. Die Frage ist also, ob der bestimmende Faktor im Leben dieser selbstmörderischen Attentäter nicht in dem unlösbaren Konflikt zu suchen ist, den ein Kind mit einer einerseits verwöhnenden, gleichzeitig aber auch verschlingenden Mutter erlebt. Dieser Zwiespalt entsteht, weil dieses Verwöhnen einerseits verführerisch und attraktiv für das Kind ist, andererseits aber seine Eigenständigkeit bedroht, da es die seelischen Grenzen des kindlichen Selbst durch die Inbesitznahme von seiten der Mutter auflöst. Rechtsextremisten erleben laut einer Studie von Mantel (vgl. auch S. 27–29) ihre Mütter wie auch ihre Väter als grausam und kalt. Linksextreme dagegen haben, wie auch die selbstmörderischen Terroristen, eine Muttergeschichte, die in das Muster der bereits erwähnten Studie von Ronald Sampson paßt: Es geht um verwöhnende Mütter, die in einer Männerwelt unterdrückt und verachtet werden, denen weder Ehrgeiz noch Kreativität zugestanden wird und die deshalb bestrebt sind, ihre eigenen Bedürfnisse nach Selbstbestimmung und Anerkennung durch ihre Kinder zu verwirklichen.

Die Mütter von Rechtsradikalen sind dagegen im allgemeinen mit der unterdrückenden Männerwelt identifiziert, sie idealisieren diese und verleugnen ihre eigene Weiblichkeit und Autonomie. Sie beziehen ihre eigene Kraft und Bedeutung aus der Identifikation mit ihren Männern. Gleichzeitig fördern sie auch bei ihren Kindern die männliche Ideologie von Stärke, während die »weibliche« Sensitivität entwertet wird. Unter solchen Umständen entwickeln sich Kinder zu angepaßten und unterwürfigen Menschen, deren Verhältnis zu den Eltern scheinbar ohne innere Spaltung ist. Auch sie erleben einen inneren Terror, dieser wird jedoch verneint, unterdrückt und in Wut umgewandelt und in der bereits beschriebenen Weise als Gewalttätigkeit auf andere projiziert. Der Terror einer verwöhnenden Mutter dagegen weckt auch Sehnsüchte nach einer besseren Welt, da ja zugleich auch Wärme und Entgegenkommen erlebt werden. Diese Wünsche jedoch bedrohen das Kind durch die Kraft dieser Versuchung in seiner Eigenständigkeit. Das fehlende Abgegrenztsein verwöhnender Mütter bewirkt deshalb eine Spaltung: einerseits ist da die Angst vor der verschlingenden Mutter, andererseits aber auch die Sehnsucht nach symbiotischer Nähe und einem »Sich-in-ihr-Verlieren«. Diese Sehnsucht verstärkt die Angst und den Terror (die Mutter wird als verführerisch erlebt), was wiederum zu einer verstärkten Idealisierung des Vaters – eines autoritären Autokraten – führt, um das Kind vor dem Terror der Mutter zu retten.

Das Resultat dieses psychischen Prozesses ist, wie Henry Miller ganz richtig erkannte, die verborgene, unbewußte Sehnsucht nach einer Vereinigung mit der Mutter. Die Verschmelzung mit einem männlichen »Gott« verschleiert, um was es tatsächlich geht: um den unbewußten, nicht annehmbaren Wunsch nach einer Wiedervereinigung mit der ebenfalls als göttlich erlebten Mutter, die alle Sehnsüchte und Bedürfnisse erfüllt. Es sind spezifische kulturelle Strukturen, die den beschriebenen Zwiespalt verstärken und so mehr noch als bei den Links-

radikalen die Entwicklung eines selbstmörderischen Terrorismus begünstigen: In einer Welt,
die häufig in extremer Weise auf einer Ideologie
männlicher Wichtigkeit und Besonderheit beruht, ist die Verwöhnung oft die einzige Möglichkeit für die Mütter, ihren Söhnen überhaupt
nahe zu sein und sich gleichzeitig selbst Gel-
tung zu verschaffen. Es gibt natürlich auch Extremisten mit tödlichen Gesinnungen unter den
israelischen Siedlern, die religiös und politisch
fundamentalistisch orientiert sind. Auch hier
finden wir ähnliche Beweggründe in einer Sozialisation, die zugleich durch die autoritäre
Haltung und das Verwöhnen geprägt ist. Das
Verwöhnen der Kinder übernehmen dabei die
Mütter, die ihren Männern gegenüber eine se-
kundäre gesellschaftliche Position einnehmen.

In diesem Sinne lassen sich die Selbstmordterroristen psychisch eher den Linken zuordnen, auch wenn sie politisch nicht links stehen
müssen. Mehr noch als die Linken und im Gegensatz zu den Rechten träumen sie von einer
»besseren«, weil verwöhnenden Welt, mit der
sie verschmelzen und in der sie sich selbst verlieren können.

Die Ereignisse des 11. September haben bei
vielen Menschen eine psychische Erschütte-

rung verursacht. Vor allem in der Seele jener, deren Urvertrauen schon früh zerstört wurde, haben sie tiefe Spuren hinterlassen. Wir alle mußten als Kinder — in unterschiedlichem Ausmaß natürlich — mit dem frühen Terror elterlicher Ablehnung ringen. Kein Kind kann leben in dem Gefühl, von den Eltern zurückgewiesen und in seinem frühen Sein mißachtet zu werden. Wir benötigen Vertrauen, da, wo es gebrochen wird. So konstruieren wir uns schon früh eine Scheinwelt, um mit den Eltern leben zu können und uns die Illusion des Geliebt- und Angenommenseins zu bewahren. Deshalb passen wir uns an, wir entsprechen den elterlichen Erwartungen und bauen auf diese Weise ein Ersatz-Urvertrauen auf, das in seinem Kern jedoch mehr oder weniger instabil ist, da es nicht auf einem ursprünglichen »Man-selbst-Sein« basiert, sondern auf Unterwerfung, Täuschung und Selbstverleugnung. Bei vielen Menschen wurde dieses Vertrauen am 11. September nachhaltig erschüttert. Natürlich lösten die Ereignisse nicht in jedem eine solche Reaktion aus. Zum Glück gibt es auch Menschen, deren Urvertrauen stabiler ist, weil es nicht in dieser Weise gebrochen wurde. In denjenigen jedoch, die in ihrer frühesten Beziehung auf die beschriebene Weise traumatisiert wurden, zerbrach mit den terroristischen Attentaten auf New York und Washington das mühsam erarbeitete Vertrauen von Mensch zu Mensch und damit auch ein gewisses Gefühl von Sicherheit in der Welt.

Es ist deshalb nicht verwunderlich, daß wir überall eine Zunahme von Angst registrieren. Die alten Wunden der Kindheit sind wieder aufgebrochen, der alte innere Terror wurde so zu neuem Leben erweckt und damit auch die Aggressionen. In einigen Fällen, zum Beispiel in der Stadt New York, haben die erschütternden Erlebnisse die Herzen für die Opfer und Mitmenschen geöffnet, wodurch die Liebe als Gegengewicht zu Terror und Destruktivität gestärkt wurde. Bei anderen jedoch führte der ungeheure Schrecken des Geschehens dazu, daß die im Innern lauernde Ohnmacht wieder erwachte und das alte Gegenmittel, Terror mit Terror zu bekämpfen, in Gang gesetzt wurde. So werden das Töten und das Zufügen von Schmerzen zur politischen Lösung, und zwar nicht nur auf der Ebene der direkten Gewalt bei der öffentlichen Kriegsführung, sondern auch in Hinblick auf Einschränkungen der Freiheit im Namen von deren Verteidigung. Die Begrenzung von Freiheit ist eben eine innere Notwendigkeit für Menschen, die Freiheit nicht aushalten können, weil sie ihrer eigenen Identifizierung mit der Macht zuwiderläuft.

In einer Reihe von Beiträgen in dem Wissenschaftsmagazin »Science«[97] legte der Soziologe David Phillips dar, daß die Meldungen über Morde und Selbstmorde ihrerseits Selbstmorde und Verkehrsunfälle provozieren. Je häufiger Menschen durch die Medien mit Mord oder Selbstmord konfrontiert werden, um so mehr Unfälle lassen sich auf den Straßen sowie im privaten und öffentlichen Flugverkehr registrieren. Die Berichte lösen offenbar tiefe unterschwellige Ängste aus, die ihren Ursprung in frühesten Verletzungen des Urvertrauens haben. Sie wecken dadurch nicht nur den inneren Terror, sondern auch die damit verbundenen Aggressionen. Bei Menschen, die ohne eigene Identität sind, führt dies unweigerlich zum Ausagieren von Wut und Zerstörungsdrang. Es kommt erst gar nicht zu dem Versuch, die Ursprünge der uns bedrohenden Gewalt zu verstehen und andere Lösungen zu suchen.

Der generelle Anstieg von Mord- und Unglücksfällen gibt Menschen auch die Möglichkeit, ihrer eigenen Todesmotivation freien Lauf zu lassen, indem sie Unfälle und Tötungsdelikte provozieren. Das Wissen um ein allgemein zunehmendes Töten befreit sie von dem Zwang, sich selbst wie Menschen mit einer normalen Menschlichkeit verhalten zu müssen. So verursachen sie Unfälle mit Todesfolgen. In diesem inneren Prozeß liegt die tiefere Erklärung für jene Forschungsergebnisse, die aufgezeigt haben, daß einige Menschen ihren Wagen schon dann fahrlässiger steuern, wenn sie glauben, unter dem Einfluß von Alkohol zu stehen. McMillen wies 1991 nach, daß Personen mit einem starken Destruktivitätstrieb die Tendenz haben, sich in Autounfälle zu verwickeln, sobald sie denken, Alkohol getrunken zu haben (tatsächlich hatte man ihnen ein Placebo gegeben).[98] Das Gefühl, in einem berauschten Zustand zu sein, gibt ihnen die Erlaubnis, ihre destruktiven Aggressionen austragen zu können. Auch nach dem 11. September haben wir in kurzer Zeit eine Zunahme von Unglücksfällen erlebt — mörderische Familientragödien, der Amoklauf in Luzern, die Katastrophe im Gotthardtunnel und andere furchtbare Ereignisse sind Beispiele dafür. Angesichts einer zunehmenden Anzahl von Morden durch Kinderhand sprach die Psychological Association in Amerika bereits 1991 von einer »Epidemie«.[99] Eine genauere Betrachtung der Fälle deutet auf eine Entwicklung hin, die dem Kind nicht erlaubt, eine eigenständige Identität zu entwickeln, und die deshalb ein großes Ausmaß an Haß hervorbringt, wenn die Umwelt immer bedrohlicher erlebt wird.

12 Was tun?

Das Problem im Umgang mit Gewalt ist das innere Opfer, das nicht als solches erkannt werden kann, weil dies der kulturell vorgegebenen Sichtweise, daß Autoritäten als gut geliebt werden müssen, widerspricht. Dieses innere Opfer »schläft«, solange das gesellschaftliche Umfeld es solchen Menschen einigermaßen möglich macht, sich zurechtzufinden, so daß ihre Bedürfnisse nach Anerkennung, Wärme und sozialem Kontakt befriedigt werden. Wenn diese Strukturen jedoch durch gesellschaftliche Veränderungen, wirtschaftliche Nöte durch Arbeitsplatzverlust oder ein Auflösen sozialer Strukturen auseinanderbrechen, sind auch solche Menschen vom Auseinanderbrechen bedroht, weil Angst und Spannungen unerträglich werden. Dann erwacht das innere Opfer und bringt solche Menschen dazu, auf Veränderungen in ihrem Leben mit Haß und Aggression zu reagieren. Dies geschieht jedoch nur, wenn sie den Glauben an die politisch Herrschenden verlieren. Die »starke Hand« macht es möglich, daß das innere Opfer sogar in Zeiten erheblichen Drucks ruhig bleibt. Wenn jedoch dieses subjektiv erlebte Sicherheitsgefühl zu zerbersten droht, erhöht sich das Potential zur Gewalttätigkeit. Die Regierenden demokratischer Gesellschaften können dem entgegenwirken, vorausgesetzt, sie sind sich der Bedürfnisse und der Not dieser Bürger bewußt. In der Realität sieht es aber meistens so aus, daß solche Situationen von politischen Führern ausgenutzt werden, die in ihrem Menschsein geschädigt sind und das innere Opfer eines Großteils der Bevölkerung für ihre eigene Macht gebrauchen. Dies geschieht, indem ein äußerer Feind etabliert wird, auf den sich die ganze Wut, die Aggression und der Selbsthaß entladen können. Wenn aber demokratische Führer sich dieser Möglichkeit bedienen, dann ist es um die Demokratie schlecht bestellt, denn sie werden nie so konsequent Feindbilder liefern können wie die Extremen auf der rechten oder linken Seite. Die Terroristen sind in dieser ganzen Misere nur ein Aspekt. Sie tragen dazu bei, daß Feindbilder verfestigt werden, indem sie ihre Opfer zu Tätern stempeln, wodurch diese für den Tod aller verantwortlich gemacht werden.

Unser heutiges Problem, dessen Entwicklung bereits von Marx diagnostiziert wurde, ist die Globalisierung, die über die Bedürfnisse der Menschen hinweggeht und ihnen ihre wirtschaftlichen und persönlichen Grundlagen nimmt. Dadurch wird das innere Opfersein geweckt. Die Dogmen der Globalisierung gründen auf Einheitsdenken, so schreibt Ignacio Ramonet,[100] und erklären jede andere Wirtschaftspolitik für unzulässig. Die sozialen Rechte der Bürger werden dem Prinzip des freien Wettbewerbs untergeordnet und alle Bereiche des gesellschaftlichen Lebens der Willkür der Finanzmärkte ausgeliefert. Die freie Zirkulation von Kapital und Waren macht diese Globalisierung aus. Von den Politikern wird nur eine Anpassung der nationalen Gesellschaften an diese Globalisierung gefordert. Dadurch hat sich die Entscheidungskompetenz in Sachen Investitionen, Beschäftigung, Gesundheitswesen, Kultur und Umweltschutz vom öffentlichen auf den privaten Sektor verlagert.

Die ökonomische Globalisierung und die Kapitalkonzentrationen zerstören den sozialen Zusammenhalt. Wo sie in Erscheinung treten, verstärken sie die wirtschaftliche Ungleichheit, die in dem Maße zunimmt, wie sich die Vorherrschaft der Märkte ungehindert ausbreitet. Diese aus der Globalisierung resultierende Zerstörung der sozialen Zusammenhänge wirkt deshalb so tödlich, weil die Akteure dieses Prozesses, die Wirtschaftsführer, wie C. W. Mills es beschreibt, ihren eigenen Zusammenhalt verloren haben.[101] Sie sind nicht in der Lage, die Auswirkungen ihres zerstörerischen Handelns auf ihre eigenen Bedürfnisse beziehungsweise auf die ihrer Mitmenschen zu erkennen. Zu sehr sind sie von ihrer eigenen Größe und Macht geblendet, zu sehr sind sie durch die Vorstellung von Größe und Macht als Ersatz für wahre menschliche Beziehungen geformt. Kaum ein Politiker ist heute noch bereit, für die Bedürfnisse der Menschen zu kämpfen, denn das hieße, sich gegen diese wirtschaftlichen Mächte zu stellen, deren Entwicklung eine Eigendynamik hat, da Wachstum das einzige Ziel ist. In diesem Prozeß sind die meisten Politiker zu Handlangern der Globalisierung geworden. Auf diese Weise spielen sie den Terroristen in die Hände. Es geht um wirkliches Elend und wirkliche Armut, und es geht darum, daß durch die Praktiken der Globalisierung zunehmend ganze Bevölkerungsgruppen ausgegrenzt werden von Wohlstand und dem Gefühl, einen Platz in der menschlichen Gesellschaft zu haben. Diesen Problemen und den Bedürfnissen der Menschen müssen wir uns zuwenden.

Gleichzeitig gilt es zu erkennen, daß es bei dem Terror und der Gewalt um das Mörderische der Identitätslosen geht, egal ob diese ihre Ziele als religiös, nationalistisch oder im Namen einer Ideologie heiligsprechen. Auch wenn es nicht offensichtlich ist: Alle Terroristen haben sich einem »Gott« verschworen. Dieser kann religiöser, aber auch politischer oder intellektueller Natur sein. Entscheidend dabei ist, daß Menschen ohne Inneres ständig auf der Suche nach einer überhöhten Macht sind, der sie sich unterwerfen können, eben weil sie kein Eigenes haben. Dabei kann es sich durchaus um gebildete Menschen handeln, wie es ja auch bei den Terroristen des 11. September der Fall war. Die Selbstmordattentäter sind der extremste Ausdruck für das Problem, daß sich Menschen einem göttlichen Führer verschreiben, um ihrer eigenen inneren Leere zu entfliehen. Man kann diesem Phänomen jedoch auch in vielen alltäglichen Bereichen begegnen: in der Psychotherapie oder der Medizin zum Beispiel, wo es immer wieder vorkommt, daß sich auch gebildete Menschen einem Arzt oder Therapeuten ergeben, der ihnen göttlich und allwissend erscheint.

Wir haben es hier wieder mit den Auswirkungen unserer frühesten Kindheit zu tun, als wir uns auf die Posen der Eltern als einzige Wahrheit festlegen mußten. Mindestens ein Drittel bis zu zwei Dritteln der Bevölkerung sind für ihr ganzes Leben auf diese Weise zutiefst geprägt. Sie sind dadurch messianischen und demagogischen Führern geradezu willenlos ausgeliefert, und zwar besonders in Zeiten einer allgemeinen wirtschaftlichen und gesellschaftlichen Verunsicherung.

In einer kürzlich erschienenen Studie über den Stalinismus wird deutlich gemacht, wie die abstrakte Idee des »neuen sowjetischen Menschen« zu einer Pose von Stärke und Macht stilisiert wurde.[102] Diese Pose beruhte auf einer Glorifizierung der Kraft und Macht moderner Maschinen. Wer seiner eigenen Wahrnehmung treu blieb und sich nichts vormachen ließ, also nicht durch die Rollenspiele der Eltern auf die Pose geprägt war, riskierte, als Verräter an der gemeinsamen Sache verdammt und vor ein Erschießungskommando gestellt zu werden. So kommt es, daß Menschen im Namen einer Idee und im Namen der Zukunft alles zerstören, auch ihr eigenes Leben. Man muß mit eigenen Augen sehen können, darauf kommt es an. Intelligenz allein genügt nicht, wenn man durch das Verhängnis einer frühen Prägung auf eine propagandistische Pose geblendet ist, welche die Eltern in ihrer Angst, nicht adäquat zu sein, einnehmen mußten. Hier geht es um einen Teufelskreis, dem wir nicht entkommen können, ohne uns mit den Realitäten und dem damit verbundenen inneren Terror zu konfrontieren, der uns bedroht, wenn wir Autoritäten den Gehorsam verweigern.

Sophie Scholl und Hans Scholl sprachen diese Problematik in einem ihrer Flugblätter an, die sie während des Nazi-Terrors an der Universität in München verteilten: »Man kann sich mit dem Nationalsozialismus nicht geistig auseinandersetzen, weil er ungeistig ist. Es ist falsch, von einer nationalsozialistischen Weltanschauung zu sprechen, denn wenn es diese gäbe, müßte man versuchen, sie mit geistigen Mitteln zu beweisen oder zu bekämpfen — die Wirklichkeit aber bietet uns ein völlig anderes Bild: Schon in ihrem ersten Keim war diese Bewegung auf den Betrug des Mitmenschen angewiesen ...«[103] Intellektuelle, die ganz von der Abstraktion, in die sich die Pose kleidet, eingenommen sind, können diese Problematik gar nicht erkennen.

Die abstrakte Pose, die uns heute vorgeführt wird, ist der Glaube an eine globalisierte Welt, in welcher der ökonomische Profit als einzige Wahrheit und weltanschauliche Wirklichkeit gilt. Doch wo ist der Unterschied zu Stalins Fünf-Jahres-Plänen; zu seiner frenetischen Jagd nach Erfolg und seiner Utopie, die dem Volk als unvermeidliche Realität verordnet wurde? Hier wie da wird Passivität angesichts von Autorität gefordert. Wie damals sollen sich die Menschen auch heute anpassen, sie sollen keine eigenen Zielvorstellungen und Werte entwickeln und ihr Verhalten dem unterordnen, was Industrie, Banken und Politik gerade für angemessen halten. Nur außerordentliche Fachkenntnisse werden erwartet, die ein Überleben in der Pose sichern. Die abstrakte Idee der Globalisierung wird uns einer Lösung der weltweiten Probleme nicht näherbringen. Wenn wir die Welt menschlicher, demokratischer und gerechter machen und mehr Respekt für unterschiedliche gesellschaftliche Werte schaffen wollen, dann ist das nur auf der Ebene nationaler Regierungen möglich. Internationale Korporationen folgen nur der abstrakten Idee des Profits und sind viel zu weit

entfernt von wirklichen menschlichen Bedürfnissen.

Die wahren Probleme der Menschen bleiben
bestehen: Armut und Hunger, Sklaverei, Tyran-
nei und ständige Kriege, religiöse Intoleranz,
Drogen und Habgier. Dabei liegt genau hier die
Wurzel allen Übels. Ohne dieses menschliche
Elend könnten Menschen wie Hitler, Stalin, Le-
nin, Mussolini oder bin Laden nicht massenwei-
se Anhänger um sich scharen. Es heißt, daß der
freie Handel weltweit den Wohlstand fördern
soll. Es gibt jedoch genügend Hinweise, daß
diese Hoffnung trügt. Während das Wohl-
standsverhältnis der reichen zu den armen Ländern vor 100 Jahren noch zehn zu eins betrug,
liegt es heute schon bei 100 zu eins. Hinzu
kommt, daß der Anteil der Wohlhabenden an
der Weltbevölkerung erheblich gesunken ist,
weil die Reichen immer reicher und die Armen
immer ärmer werden.[104] Das hat weitreichende
Konsequenzen: Das schlafende innere Opfer
der Benachteiligten wird zunehmend erwachen
und damit auch ihre Bereitschaft zu destruktiver Gewalt. Es ist so, wie Albert Camus es in
seinem Roman »Die Pest« beschreibt: »Daß der
Pestbazillus niemals ausstirbt oder verschwin-
det, sondern jahrzehntelang in den Möbeln und

der Wäsche schlummern kann, daß er in den Zimmern, den Kellern, den Koffern, den Taschentüchern und den Bündeln alter Papiere geduldig wartet und daß vielleicht der Tag kommen wird, an dem die Pest zum Unglück und zur Belehrung des Menschen ihre Ratten wecken und erneut aussenden wird, damit sie in einer glücklichen Stadt sterben.«[105]

Das innere Opfer schläft, doch wenn es erwacht, sucht es nach den falschen Göttern, die es erlösen sollen. Ein älterer Mann in einem kalifornischen Seniorenheim sagte einmal: »Wann immer sich Menschen an jemanden wenden, um erlöst zu werden, geraten sie ins Unglück, egal, ob es sich um Gott oder einen Fremden mit welligem Haar und blauen Augen handelt, es läuft immer auf dasselbe hinaus. Wenn du dich in dem Traum eines anderen verfängst, mußt du mit Konsequenzen rechnen.«[106] Die Kriege der letzten Jahre und der 11. September haben gezeigt, daß diese Konsequenzen mit einer immer größeren Gefahr für die Menschheit und ihr Menschsein verknüpft sind.

Es liegt in der Natur der frühesten kindlichen Erfahrungen mit terrorisierenden Autoritäten, daß jene, die den Terror hervorrufen, idealisiert werden. Zu dieser Verdrehung der wirklich erlebten Gefühle kommt es immer dann, wenn ein Zwang zum Gehorsam besteht. Nur deshalb können sich diejenigen, die sich dem Tödlichen als Lebensziel verschrieben haben, als Götter gebärden und von jenen, die solche Götter brauchen, verlangen, daß sie sich ihnen und ihren Zielen in selbstaufopfernder »Liebe« ergeben. Solche »Götter« gehören zu der Kategorie von Menschen, die es sich zum Ziel gemacht haben, alle anderen auszurotten. Ihnen geht es um das Töten, doch ihre Maske des Menschseins verhindert, daß ihre Anhänger, die mit Leidenschaft eine freiwillige Knechtschaft suchen, dies wahrnehmen. So vereinen sich Menschen mit denjenigen, die ihren Tod vorprogrammiert haben.

Es gibt deshalb kurzfristig nur zwei Möglichkeiten, mit dem Problem umzugehen: Entweder man widmet sich den Bedürfnissen der Menschen, ihrer existentiellen Not und ihrem Anspruch auf Würde. Dies muß dann allerdings ernsthaft und wahrhaftig geschehen und nicht nur als eine durch Posen in Szene gesetzte Medienshow. Mit falschen Versprechungen spielt man nur den Faschisten in die Hände, die, da sie dem Tode verschworen sind, ihre der Gewalt gewidmeten Szenarien sehr viel konsequenter betreiben.

Die andere Möglichkeit des Umgangs mit dem Problem ist die, welche die Populisten, Demagogen und Faschisten (manchmal auch die Linken, die das Linke für faschistische Ziele ausnutzen) ergreifen, indem sie Feindbilder genehmigen, um dem inneren Opfer ein Ventil für seinen Haß, die Minderwertigkeitsgefühle und die Gewalttätigkeit zu bieten.

Langfristig gibt es jedoch nur einen Weg, der aus der Misere führt und eine wirkliche Veränderung bedeutet: Wir müssen dafür sorgen, daß unsere Kinder so aufwachsen, daß ein inneres Opfersein gar nicht erst entsteht.

Nur so können demokratische Gesellschaften Bestand haben: indem sie die wahren Bedürfnisse von Menschen erkennen und ernst nehmen, indem sie Kindern die Möglichkeit zu einer wahren Kindheit bieten, die sich an eigenen empathischen Wahrnehmungen und Bedürfnissen orientiert. Das ist die Rettung für die Menschheit. Die Zeit drängt. All jene, die dem Leben zugewandt sind, müssen zusammenstehen und es sich zur Aufgabe machen, allen Menschen eine würdige Existenz zu sichern, damit das innere Opfer zurückgedrängt wird. Zum andern müssen wir das Wohl unserer Kinder festigen. Es würde soviel weniger kosten, in das Leben zu investieren, anstatt Aufrüstung und Kriege zu finanzieren. Wir haben keinen andern Weg als den des Lebens.

»Sage niemals, dies sei dein letzter Weg.«
Mordechaj Gebirtig

Anmerkungen

1 Weber, D.: Da hab' ich einfach zugeschlagen — Hilfen für gewalttätige Jugendliche, in: Sommer, N.: Überall Haß, Wichern: Berlin 1994.

2 Weber, D., 1994, S. 417.

3 Weber, D., 1994, S. 418.

4 Weidner, J., zitiert in Weber, D., 1994, S. 422.

5 Gottlieb, G.: Individual Development and Evolution. The Genesis of Novel Behavior, Oxford University Press: New York 1992. Epigenic News: Behind the Science of Gene Expression, in: Science, Vol. 293, 10. August 2001.

6 Roshani, A.: Ich wette, daß du keinen Menschen umbringen kannst, in: Süddeutsche Zeitung, Magazin, 18. August 2000.

7 Tophinke, D.: Das Prinzip Langeweile, in: Tages-Anzeiger, Magazin, Zürich, 7. Oktober 1989.

8 Deutsche Heimatkunde: Was alles normal ist, in: Tages-Anzeiger, 8. Januar 2001.

9 Knowlton, B.: 2 Dead and 13 Wounded in California School Shooting, in: International Herald Tribune, 6. März 2001

10 Canetti, E.: Masse und Macht, Fischer: Frankfurt a. M. 1980.

11 Allen, J., Als, H., Congressman Lewis, J., Litwack, L. F.: Without Sanctuary. Lynching Photography in America, Twin Palms Publishers: Santa Fe 2000.

12 Mantell, D. M.: Familie und Aggression, Fischer: Frankfurt a. M. 1972.

13 Gruen, A.: Der Fremde in uns, Klett-Cotta: Stuttgart 2000. Persönliches Gespräch 2001.

14 Schaeffer, F.: Pathologische Treue als pathogenetisches Prinzip bei schweren körperlichen Erkrankungen. Ein kasuistischer Beitrag zur Dermamyositis, in: Der Nervenarzt, 1961, 32, 10.

15 Rilke, R. M.: Die Weise von Liebe und Tod des Cornets Christoph Rilke, Suhrkamp: Frankfurt a. M. 1996.

16 Di Lorenzo, G: Stefan, 22, deutscher Rechtsterrorist: Mein Traum ist der Taum von vielen, Rowohlt: Reinbek b. Hamburg 1984.

17 Gruen, A.: Mitleid mit den Tätern, in: Die Zeit, 20. Mai 1994.

18 Hofmann, G.: Starke Hand gesucht. Eine Studie der Friedrich-Ebert-Stiftung, in: Die Zeit, 20. Dezember 2000.

19 Schmitt, C.: Der Begriff des Politischen, in: Archive für Sozialwissenschaft und Sozialpolitik, Bd. 58, 1. September 1927. Meier, H.: Die Lehre Carl Schmitts. Vier Kapitel zur Unterscheidung Politischer Theologie und Politischer Philosophie, Metzler: Stuttgart 1994. Gruen, A.: Der Fremde in uns, Klett-Cotta: Stuttgart 2000.

20 Gruen, A.: The Discontinuity in the Ontogeny of Self. Possibilities for Integration or Destructiveness, in: Psychoanalytic Review, 1974/75, 61, 4.

21 Welch, M.: Epinephrine Dysfunction in PTSD, Major Depression, in SIDS, PDD and in Neurodegeneration, Columbia University Medical School, 2001, unpublished. Summary: Virtually all stresses faced by the perinate activate the epinephrine neurotransmit-

ter network. High stress dysregulates the infant's basal and reactive levels of stress hormone, especially epinephrine. The metabolic demands of unabated stress will, over time, incapacitate the epiphrenine neuron's ability to synthesize its tertiary amine. Included in the epiphrenine stress adaption network is the visceral thalamus, and ist two-way-reverbaratory network with the viscera, which, when effectively conditioned by maternal nurturing, results in well modulated coping response to stress: We hypothesize that patients suffer from disorders ... only if they failed to develop adequate coping responses perinatally.

22 Weidner, J., zitiert von Weber, D., 1994.

23 Cox, M.: »I Took a Life because I Needed one«: Psychotherapeutic Possibilities with the Schizophrenic Offender-Patient, in: Psychotherapy and Psychosomatics, 1982, 37; zitiert in Gruen, A., 2000, S. 59, 96.

24 Dicks, H. V.: Personality Traits and National Socialist Ideology. A Wartime Study of German Prisoners of War, in: Human Relations, Bd. III, 1950. Gruen, A., 2000.

25 Winnicott, D. W.: Some Thoughts of the Meaning of the Word Democracy, in: Human Nature, Bd. III, 1950.

26 MacLean, P. D.: The Brain in Relation to Empathy and Medical Education, in: Journal of Nervous and Mental Disease, 144, 1967.

27 Berlyne, D. E.: Curiosity and Exploration, in: Science, 153, 1966.

28 Schneirla, T. C.: The Concept of Development in Comparative Psychology, in: Harris, D. B. (Hg.): Concept of Development, University of Minnesota Press: Minnesota 1957. Schneirla: An Evolutionary

and Developmental Theory of Biphasic Processes Underlying Approach and Withdrawal, in: Jones, M. R. (Hg.): Nebraska Symposium on Motivation, University of Nebraska Press: Nebraska 1959.

29 Frantz, R. L.: Visual Perception from Birth as Shown by Pattern Selectivity, in: Annals New York Academy of Science, 118, 1965.

30 Wahl, K.: Den tiefen Wurzeln der Fremdenfeindlichkeit auf der Spur, in: Neue Zürcher Zeitung, 10. September 2000.

31 Hotz, R. L.: Neglect Harms Infants, in: Los Angeles Times, 28. Oktober 1997. Er zitiert Mary Carlon, Harvard University: Rumänische Kleinkinder (2–3 Jahre alt), die ohne menschliches Entgegenkommen und Stimulation in Waisenheimen aufwuchsen, entwickelten dauerhaft anomal hohe Cortisol-Werte.

32 Soyinka, W.: Die Last des Erinnerns, Patmos: Düsseldorf 2001.

33 Balint, M.: The Basic Fault, Tavistock: London 1968.

34 Gruen, A.: On Evil. Psychosis and Conscience, in: Review of Extistential Psychology and Psychiatry, XIII, 1, 1974.

35 M. Welch, persönliches Gespräch über ihren Artikel s. Anm. 21.

36 Gruen, A., 2000.

37 Browning, C. R.: Ganz normale Männer. Das Reserve-Polizeibataillon 101 und die »Endlösung« in Polen, Rowohlt: Reinbek bei Hamburg 1996. Neue überarbeitete amerikanische Ausgabe: Ordinary Men. Reserve Bataillon 101 and the Final Solution in Poland, Harper: New York 1998.

38 Herman, J. L.: Die Narben der Gewalt, Kindler: München 1993.

39 Antill, J. K. und Cunningham, J. D.: Self-Esteem as a Function of Masculinity in Both Sexes, in: Journal of Consulting and Clinical Psychology, 47, 4, 1979.

40 Rhue, M.: Die Welle, Otto Maier: Ravensburg 1985.

41 Gruen, A.: Der Fremde in uns, 2000; Herman, J. L., 1993; Dicks, H. V., 1950; Werner, E. E.: High Risk Children in Young Adulthood. A Longitudinal Study from Birth to 32 Years, in: American Journal of Orthopsychiatry, 59, 1989.

42 Bluvol, H.: Differences in Patterns of Autonomy in Achieving and Underachieving Adolescent Boys, Diss. The City University of New York 1972.

43 Roskam, A.: Patterns of Autonomy in High Achieving Adolescent Girls who Differ in Need for Approval, Diss. The City University of New York 1972.

44 Schneirla, T. C.: Seminar, New York University 1950.

45 Miller, H.: Vom großen Aufstand, Arche: Zürich 1964. Diese Passage wurde aus dem Amerikanischen übersetzt von Arno Gruen.

46 Baumann, B.: Wie alles anfing, Trikont: München 1975.

47 Gruen, A.: Der Wahnsinn der Normalität, dtv: München 1987.

48 Schneider, P.: Gespräche eines Schiffbrüchigen mit einem Bewohner des Festlandes, in: Die Zeit, 5. April 1985; Gruen, A., 1987.

49 Gruen, A.: Der Verlust des Mitgefühls, dtv: München 1997.

50 Bar-On, D.: Die Last des Schweigens. Gespräche mit Kindern von Nazi-Tätern, Campus: Frankfurt a. M. 1993.

51 Hielscher, G.: Gewalt an Japans Schulen nimmt zu, in: Tages-Anzeiger (Zürich), 17. Dezember 1986; Gruen, A.: Der Wahnsinn der Normalität, 1987.

52 Hirsch, M.: To Sir, with Hate, in: New Statesman (London), 20. Oktober 1972.

53 Die Parade in Portadown bleibt friedlich. Neuartige Opfertheorie des Oranierordens, in: Neue Zürcher Zeitung, 9. Juli 2001.

54 Hotz, R. L.: Battle for Hearts and Minds, in: Los Angeles Times, 3. April 1997.

55 Negri, A.: Sabotage, Trikont: München 1979; Gruen, A., 1987.

56 Epstein, J.: Always Time to Kill, in: New York Review of Books, 4. November 1999.

57 Epstein, J., 1999.

58 Gruen, A.: Der Verrat am Selbst, dtv: München 1986.

59 Jugendliche in der Spirale der Gewalt, in: Neue Zürcher Zeitung, 23. August 2001.

60 Cohn, N.: Das Ringen um das Tausendjährige Reich. Revolutionärer Messianismus im Mittelalter und sein Fortleben in den modernen totalitären Bewegungen, Franke: Bern 1961.

61 Neumann, R.: Ausflüchte unseres Gewissens, Verlag für Literatur und Zeitgeschichte: Hannover 1960.

62 Kratz, W.: Die »Verlorenen« von Kirkby, in: Die Zeit, 26. April 1985; Gruen, A., 1987.

63 Himmlers Rede im Oktober 1943 in Posen, in: Manvell, R. und Fraenkel, H.: The Incomparable Crime. Mass Extermination in the 20th Century: The Legacy of Guilt, Heinemann: London 1967; Gruen, A., 1987.

64 Goettle, G.: Lieber Vati, liebe Mutti, in: Die Tageszeitung, 28. Dezember 1992; Gruen, A., 1997.

65 Gourevitch, P.: Wir möchten Ihnen mitteilen, daß wir morgen mit unseren Familien umgebracht werden, Berlin Verlag: Berlin 1999.

66 Malkki, L. H.: Purity and Exile, Chicago University Press: Chicago 1995.

67 Keane, F.: Season of Blood, Viking: New York 1996;
   Gourevitch, P.: The Poisened Country, in: New York
   Review of Books, 6. Juni 1996.
68 Chamberlain, S.: Adolf Hitler, die deutsche Mutter
   und ihr erstes Kind, Psychosozial Verlag: Gießen
   1997.
69 Werner, E. E.: High Risk Children in Young Adulthood. A Longitudinal Study from Birth to 32 Years,
   in: American Journal of Orthopsychiatry, 59, 1989.
70 DesPres, T.: The Survivor: An Anatomy of Life in the
   Death Camps, Oxford: New York 1980.
71 Schirra, B.: Die Erinnerung der Täter, in: Der Spiegel, 28.September 1998.
72 Cleckley, H.: The Mask of Sanity, Mosby: St. Louis
   1964.
73 Hochschild, A.: Schatten über dem Kongo, Klett-
   Cotta: Stuttgart 2000.
74 Speer, A.: Spandauer Tagebücher, Propyläen: Berlin
   1975.
75 Auf dem heiligen Wind reiten, in: Neue Zürcher Zeitung, 23. August 2001 (S. 9. OUT).
76 Cotzee, J. M.: The Marvels of Walter Benjamin, in:
   New York Review of Books, 11. Januar 2001.
77 Gutman, R. W.: Wagner & Politics, in: New York Review of Books, 31. Mai 2001.
78 Aron, R.: The Opium of the Intellectuals, Transaction
   Publishers: Somerset, N. J. 2001 (dt. Das Opium der
   Intellektuellen).
79 Yarmolinski, A.: Road to Revolution. A Century of
   Russian Radicalism, Collier: New York 1962.
80 Henry, J.: Culture against Man, Vintage: New York
   1963.
81 Shainin, J.: Death on the Installment Plan, in: The
   Nation, 23./30. Juli 2001.

82 Gruber, A.: Vor lauter Feigheit gibt es kein Erbarmen, Provinz Film International: Wels 1994.
83 Schneider. P.: Besser tot als feige, in: Der Spiegel, 10. September 2001. Friedrich, R. A.: Der Schattenmann, Suhrkamp: Frankfurt a. M. 2000. Friedrich, K.: Zeitfunken; Biographie einer Familie, Beck: München 2000.
84 Soyinka, W., 2001; Gruen, A.: Die Trauer der Täter, in: Die Presse (Wien), 1. September 2001.
85 Cox, M., 1982.
86 Riedl, J.: Stadt ohne Eigenschaften, in: Zeit Magazin, 29. März 1985.
87 Lucheni, L.: Ich bereue nichts. Die Aufzeichnungen des Sissi-Mörders, Zsolnay: Wien 1998.
88 Sampson, R. V.: The Psychology of Power, Pantheon: New York 1966.
89 Follath, E. und Latsch, G.: Der Prinz und die Terror GmbH, in: Der Spiegel, 15. September 2001; Gottes eigene Krieger, in: Der Spiegel, 8. Oktober 2001.
90 Le Carré, J.: Der Krieg ist längst verloren, in: Frankfurter Allgemeine Zeitung, 17. Oktober 2001.
91 Fletcher, M.: Dann rief er an und sagte »Heute!«, in: GEO, 11. November 2001.
92 Trippel, K.: Unnachgiebig und rücksichtslos, in: GEO, 11. November 2001.
93 Bin Laden, O.: Interview Dezember 1998, al-Jazeera Television, zitiert in: New York Review of Books, 15. November 2001.
94 Wertz, A.: Tagsüber Helden und nachts Bettnässer, in: Tages-Anzeiger (Zürich), 15. April 1995.
95 Vgl. Anm. 89: Gottes eigene Krieger, in: Der Spiegel, 8. Oktober 2001.

96 Kaarna, Sharif (Ramallah) und Mehari, Ariel (Tel Aviv), zitiert in Born, H.: Ich würde es tun, in: Tages-Anzeiger, Magazin (Zürich), 26. Oktober 2001; Shalit, B.: The Psychology of Conflict and Combat, Praeger: New York 1988.

97 Phillips, D. P.: Motor Vehicle Fatalities Increase Just after Publicized Suicide Stories, in: Science, 196, 1977; Airplane Accident Fatalities Increase Just after Newspaper Stories about Murder and Suicide, in: Science, 201, 1978.

98 McMillen, D.: The Drunk Driver. Personality and behavioral Characteristics, Vortrag bei der Southern Psychological Association Convention, März 1991, zitiert in: American Psychological Association Monitor, Mai 1991.

99 Freiberg, A.: Killing by Kids »Epidemic« Forecast, in: American Psychological Association Monitor, April 1991.

100 Ramonet, I.: Globalitäre Regime, in: Le Monde diplomatique 1, Januar 1997.

101 Mills, C. W.: Die amerikanische Elite, Holsten: Hamburg 1962.

102 Siegelbaum, L. und Sokolov, A.: Stalinism as a Way of Life. A Narrative in Documents, Yale University Press: New Haven 2001.

103 Scholl, I.: Die weiße Rose, Fischer: Frankfurt a. M. 1977.

104 Löpfe, P.: Handel und Gerechtigkeit, in: Tages-Anzeiger (Zürich), 10. November 2001.

105 Camus, A.: Die Pest, Rowohlt: Hamburg 1950.

106 Myerhoff, B.: Number Our Days, Simon and Schuster: New York 1978.

Arno Gruen:
Der Fremde in uns

265 Seiten, gebunden, ISBN 3-608-94282-3

Der Fremde in uns, das ist der uns eigene Teil, der uns
abhanden kam und den wir zeit unseres Lebens, jeder auf
seine Weise, wiederzufinden versuchen. Manche tun dies,
indem sie mit sich selbst ringen, andere, indem sie andere
Lebewesen zerstören. Der Widerstreit zwischen diesen
zwei Ausrichtungen des Lebens, die beide von derselben
Problematik bestimmt sind, wird über die Zukunft unseres
Menschseins entscheiden.

Die Einsichten dieses Buches sind engstens verknüpft mit
dem Leben und Leiden der Patienten, deren Eltern
Nazi-Täter waren. Ihr Leben steht exemplarisch für die
Suche nach dem Fremden in uns und der Aussöhnung mit
ihm.

»Entscheidend ist die Frage: Was bleibt für die
Entwicklung der Identität, wenn all das, was dem
Menschen eigen ist und ihn als Individuum ausmacht,
verworfen und zum Fremden gemacht wird? Dann
reduziert sich Identität auf die Anpassung auf äußere
Umstände... Ein wichtiges Buch, das nicht nur den
einzelnen als Individuum anspricht, sondern auch Wege
zur positiven Entwicklungsfähigkeit der Gesellschaft
aufzeigt...

Ein Buch, das gerade in der gegenwärtigen Debatte über
den Umgang mit Rechtsradikalen Durchblick verschafft.«
ekz-Informationsdienst

Klett-Cotta

Larry Siedentop:
Demokratie in Europa
Aus dem Englischen von Klaus Kochmann
360 Seiten, gebunden, ISBN 3-608-94041-3

Hinter der Einführung des Euro, hinter Korruption in
Brüssel und der militärischen Intervention im Kosovo
steht die einzige Frage: In welchem Europa möchten wir
leben? Trotz der tiefen Gegensätze zwischen den Gegnern
und den Befürwortern eines Vereinigten Europa sind die
Umrisse einer ernsthaften, über das rein Ökonomische
hinausgehenden öffentlichen Auseinandersetzung bislang
kaum skizziert worden. Was signalisiert das Fehlen einer
großen Debatte über den Zustand Europas zu Beginn des
21. Jahrhunderts?

Larry Siedentop wagt einen Neuanfang: Ausgangspunkt
seiner Betrachtung ist der heftige, aber höchst wichtige
Meinungsaustausch, der der Schaffung einer
Bundesregierung in den USA voranging. Was können wir
von den Vereinigten Staaten von Amerika lernen, was
dürfen wir von einem Vereinigten Europa erwarten und
was haben wir zu befürchten? Eingehend prüft der Autor,
ob ein repräsentatives Regierungssystem angesichts der
gewaltigen Landmasse und der kulturellen und politischen
Vielfalt praktisch möglich ist.

Klett-Cotta